价值投资精解

超额收益的投资策略

吕长顺（@凯恩斯）◎著

人 民 邮 电 出 版 社
北京

图书在版编目（CIP）数据

价值投资精解 ：超额收益的投资策略 / 吕长顺（@凯恩斯）著. -- 北京 ：人民邮电出版社，2019.10（2020.7重印）
ISBN 978-7-115-51830-9

Ⅰ. ①价… Ⅱ. ①吕… Ⅲ. ①股票投资－基本知识－中国 Ⅳ. ①F832.51

中国版本图书馆CIP数据核字(2019)第179889号

内 容 提 要

本书是作者多年价值投资实战经验的集合之作。作者从价值投资的核心思想入手，详细讲解了价值投资的基本思路，用大量篇幅讲解了价值投资的实战应用技巧。

对于如何发现并选择优质企业，作者介绍了基于巴菲特“护城河”理念分析企业经营模式和核心竞争优势的方法，通过财务分析和企业估值筛选出优质的成长性企业；对于如何选择行业，作者用较多的篇幅对不同的行业进行了讲解与分析，为投资者选择正确的投资方向提供了参考和建议。

本书能够帮助投资者回归投资本身，找到真正的价值股，建立自己的价值投资股票池，成为股市投资的常青树。

◆ 著　　　　吕长顺（@凯恩斯）
　责任编辑　李士振
　责任印制　周昇亮

◆ 人民邮电出版社出版发行　　北京市丰台区成寿寺路 11 号
　邮编 100164　　电子邮件 315@ptpress.com.cn
　网址 http://www.ptpress.com.cn
　北京捷迅佳彩印刷有限公司印刷

◆ 开本：720×960 1/16
　印张：14　　　　2019 年 10 月第 1 版
　字数：268 千字　　2020 年 7 月北京第 5 次印刷

定价：59.80 元

读者服务热线：(010)81055296　印装质量热线：(010)81055316
反盗版热线：(010)81055315
广告经营许可证：京东市监广登字 20170147 号

前言

我为什么要放弃技术而选择价值投资

看过我博客的人都知道，我曾经钻研技术。2007 年，我做过涨停板“敢死队”的队长。当时是大牛市，我每天都在追涨停板，每天捉几个涨停板是平常事。当年，我最大的成绩是通过博客和 UC（新浪的一款即时聊天工具）讲盘，带领一群散户大量买进 10 元以下的股票，并在 2007 年 9 月底主动离场。我还把追涨停的经验写成了《凯恩斯看盘》一书。这本书现在已经脱销了。

有一个学员曾经问过我：“老师，我看你 2010 年之前的文章，基本上都是技术派，后来你为什么改成了价值投资派呢？”

答案是经历使然。从 2005 年 1020 点抄底，到 2007 年 9 月底离场，我发现长期持有的股票都翻了几倍。2008 年爆发的金融危机，让很多人不再相信价值投资，改做短线投机，但是短线投机者每天“追涨杀跌”，不做价值投资，一样不赚钱，甚至可能会亏得更多。如果一个股票亏了 10% 止损出来，换另外一只投资，可能会跌得更多。特别是在大熊市中，天地板经常出现，投资者一天就可能亏 20%。在牛市中积累的实践经验，在熊市中不仅没有任何作用，而且可能会让投资者亏得更多。所以，用追涨停板的方法，虽然也有成功，但我到 2008 年 9 月差不多亏了 30%。后来，大家都知道，席卷全球的金融危机全面爆发，而我在当年 9 月底在 53 000 元的位置选择做空沪铜，把亏的钱都赚了回来。

对于 2008 年，我最大的感悟是追涨停板不再有效，还有就是不敢持股，特别是我之前做空沪铜赚钱之后，感觉技术做空赚钱更快。但是这个熊市经验，在 2009—2010 年的牛市中，几乎每次技术破位看空都是错的，而且既然看空，那么肯定不敢持股。不持股，牛市依然赚不到大钱，所以技术分析又变得可有可无。

2010 年，我认真地反思自己成功和失败的经验，发现只有价值投资持股才能通过一只股票赚几倍、十几倍，而技术分析其实都是导致提前卖出。几年的经验总结起来就是股市投资还是要回到现实中来，从关注 K 线的波动变成关注企业的基本面变化。

也有学员问我："你一直说好公司要持股，那么你真的可以做到明知道股票技术上超买，股价要下跌就是不操作不动，一直持有到高估值再减仓吗？中间的波段都忽略不计，我很难做到像您这样的不动不管的心态。怎么才能做到和您一样不为所动呢？"

这个问题是大部分投资者面临的问题：如何不受波段的影响、做到长期持股？这便涉及价值投资的核心要素：选择公司，忽略 K 线波动。

价值投资是一个循序渐进的过程。我刚开始选择好公司持股时，面对股价下跌超过 30% 的情况，心里也很难受，但是后来多看企业研报，多跑企业，明白了 K 线只不过是一个个鲜活企业的影子。如果投资者每天追逐影子，其永远寻找不到投资的真谛。在不断研究企业的过程中，我的心态逐渐趋于平稳。

当然，我有一个对抗心态波动的技巧，就是当我看好一个公司时，要在它的动态市盈率便宜时买入，对于新股，一般跌到 25 倍市盈率就是买入区间（医药和网络科技行业除外），然后一路持股，忽略其中的价格波动，等到牛市来临，股价涨幅处于 50% ~ 100% 时，可以先减仓一半。

为什么要先减仓一半呢？因为减仓一半之后，意味着此时盈利很多，持股成本为零。持股成本为零的股票，人们都会拿住的。为什么这么说呢？因为零成本的时候，投资人对亏损不再敏感，情绪和心智不再受波动的影响，此时就可以做到手中有股心中无股了。我用如此的方法，长期持有我看好的股票，我持有这些股票，一直到 2015 年牛市结束。在持股的过程中我基本能做到：手中有股，心中无股！

本书是我自 2010 年开始彻底转型做价值投资以来的一个总结，也是我多年的价值投资经验集合之作，其中不仅为价值投资的入门新手讲解了投资过程中需要掌握的基础知识，而且还为价值投资者提供了诸多案例及投资策略。

本书用了大量的篇幅讲解企业和行业的选择技巧，其中，企业方面的内容涵盖企业经营分析、企业竞争优势分析、财务报表分析、企业估值；行业方面的内容涵盖行业前景解析、行业投资逻辑、寻找值得投资的行业。

本书用了较多的篇幅对不同的行业进行讲解与分析，以期为投资者选择正确的投资方向提供参考和建议。在写了《牛股基因》一书以后，我发现自己忽略了一个问题，就是很多人对行业的特点不了解，因此，很多人是在盲目地买入和卖出。还有人对一些行业政策的改变不敏感。还有，如果不了解行业的特点，投资者就不能准确地对某一个行业的股票选择准确的估值方法。估值方法运用不对，则投资结果肯定会出现偏差。

例如，银行业的特点是高负债，资产负债率超过 90%，考察银行赚钱能力的指标就是自有资本金赚钱的能力，主要应用的财务指标是市净率和净资产收益率。一般来说，国际上，净资产收益率超过 15% 的银行算合格，而超过 18% 的银行才算优秀。按照这个指标，你会发现只有招商银行满足这个条件，这也是招商银行是熊市牛股的原因，所以我在本书中对 A 股的一些行业投资规律做了梳理。

最后，这本书是我为中国 A 股价值投资奉献的诚意之作，我希望本书可以帮助读者成为专业投资者，成为读者进入价值投资殿堂的奠基石。

吕长顺（@凯恩斯）

2019 年 8 月

目录

第 1 部分　价值投资

第 1 章
投资本源：价值投资

第 3 部分　行业选择

第 7 章
分析行业，选择投资方向

第 9 章
医疗健康行业

第 10 章
生活消费品行业

第 1 部分　价值投资

第 1 章

投资本源：价值投资

投资需要通过很长时间的考量，绝不会一蹴而就。这也证明了价值推动价格不会是短期发生的事情，而是需要长期的积累。虽然众多投资者喜欢分析短期价格所受到的影响，但其实真正影响价格的是企业长期的内在价值。

1.1　价值投资的诞生与发展

在股票投资领域中，存在着各种各样的理财与操作方法，但是真正能够在长时间内安全可靠地给投资者们带来长期回报的投资理念和方法，只有价值投资。

从对股票和投资的认知角度来说，价值投资认为企业本身是具有内在价值的，投资股票实际上就是投资公司，随着公司内在价值的不断增长，投资人可获得公司价值增长的回报。

在学习价值投资技巧以及方法之前，我们首先应当了解价值投资的历史。"站在巨人的肩膀之上"了解"投资大师"的投资经历，是我们拓宽眼界的第一步。

1.1.1　经典价值投资的诞生

在本杰明·格雷厄姆出现之前，股市投机行为盛行。我们可以通过利弗莫尔的著作《股票大作手回忆录》观察 1929 年之前的美股景象。所谓的"大作手"，实际上就是操盘手或说是操控股价的人。那时候，股市相当繁荣，投机行为盛行，直至本杰明·格雷厄姆开创了价值投资理论，股票投资才进入价值投资时代。

本杰明·格雷厄姆富有传奇的一生留给了后人无尽的财富。他于 1894 年生于伦敦，1895 年随家人迁居纽约。9 岁时，他的父亲过世，所以其幼年生活困苦。格雷厄姆 1914 年毕业于哥伦比亚大学，之后进入证券经纪商纽伯格公司担任统计分析的工作；1929 年回到母校开课，教导证券分析的方法。

1934 年，他和多德合著《证券分析》一书。该书成为证券分析的"开山始祖"。另外，他还著有《聪明的投资者》一书。这本书被投资者奉为价值投资实操手册。

格雷厄姆是在 1929 年以后提出价值投资理论的，理论确切的成型时间应该在 1933 年美国大量企业破产之后。因为当时美国的大量企业走向了衰败，投资人的资金受到了损失，所谓“一朝被蛇咬，十年怕井绳”，因此之后所有投资者都开始关注价值投资。投资者都在思考：为什么可口可乐活下来了，而另外 13 万家美国企业却没有活下来？

其实很多时候，即将倒闭的企业往往具有一些行为迹象，虽然这些企业会竭尽全力粉饰业绩，找操盘手伪造股票繁荣的假象，但是投资者依然可以通过了解其业务来了解企业的真实情况。格雷厄姆的价值投资理论此时便开始显现其作用，很多投资理论研究者开始寻找企业的安全边际，重点考察资产的安全性及机会成本的选择。

格雷厄姆在其所著的《格雷厄姆经典投资策略——让价值投资更容易》一书中提到：“事实上我真正感兴趣的仅仅是用直观而且确凿的方式呈现的部分，从公司盈利能力开始，到资产负债为止。”

同时，格雷厄姆多次说道：“至于企业每个季度的销售额增长率变动，或者所谓的‘主营业务收入’是否包含某些具体副业，类似模棱两可的事情，我从来不放在心上。最重要的是，我面向过去、背对未来，从来不做预测。”

在变幻莫测的股票市场当中，格雷厄姆总结自身多年的投资经验，得出了一个投资秘诀，即安全边际。

1.1.2　价值投资的继承与发展

格雷厄姆依靠自己的努力和智慧所创立的证券分析理论影响了一代又一代的投资者。他所培养的一大批弟子，如沃伦·巴菲特、博格、邓普顿等人在华尔街“异军突起”，成了新一代的“投资大师”，延续着格雷厄姆的证券分析学说。

众所周知，“股神”巴菲特是格雷厄姆理论的忠实实践者。巴菲特在传记《滚雪球：巴菲特和他的财富人生》中介绍，在他的办公室里没有股票交易的行情显示，只有成堆的上市公司的财务报表和分析报告。巴菲特从来不做短线的股票交易，而是青睐于从众多的上市公司中找出最有投资价值的公司，对其进行相对长期的投资。

巴菲特曾说自己在 19 岁时就从格雷厄姆的书中学到了安全边际原则，并且成了格雷厄姆价值投资理论的实践者。同样，在股票投资市场的起伏中翻滚一生的巴菲特感叹道："安全边际原则仍然非常正确、有效，永远是投资成功的基石。"作为价值投资理论的拥护者与实践者，巴菲特继承价值投资理论并不断将其发展扩大。

在谈到来自格雷厄姆的训练时，沃伦・巴菲特表示其在哥伦比亚大学学到的两件最重要的事，即正确的态度以及安全边际的重要性，如图 1-1 所示。

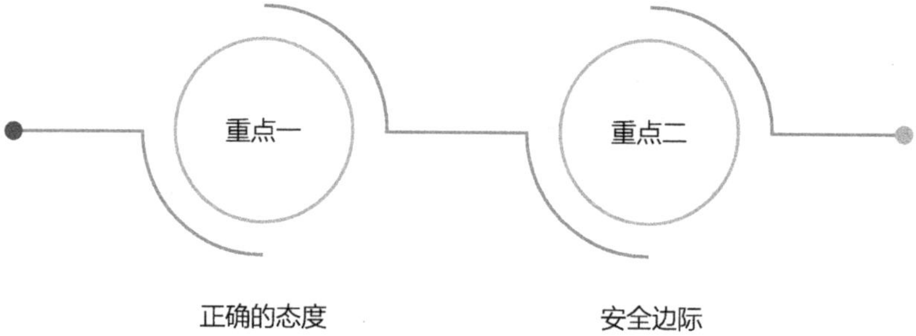

图 1-1　巴菲特谈价值投资重点

只要稍加注意巴菲特的讲演，以及他旗下伯克希尔・哈撒韦公司的年报，我们就能发现，其中格雷厄姆价值投资的重要概念在其间反复出现，那便是：关注企业内在价值。巴菲特的投资经历，为其个人赚取了近千亿美元，使其成为世界首富之一，首要原因就在于他关注企业的内在价值。

格雷厄姆的价值投资理论不断地被继承并发展，其中，巴菲特对其应用以及所获得的成功使得对上市公司的基本价值分析方法成为股市最主流的分析方法。巴菲特在格雷厄姆分析理论的基础之上以长期持有、集中持股为特征的投资方法成为了价值投资的经典方法。

1.2　价值投资的核心

笔者认为，价值投资在客观上表现为长期持有，但其本质上并不是我们去追求长期持有企业的股票，而是一直在等待市场达到自身预设的表现标准才一直在持有。

想要理解价值投资，应当从价值投资的两个核心要素即价值和市场价格入手了解价值投资。

1.2.1　什么是价值

“什么是价值”应当是我们在价值投资过程中第一个要弄明白的问题。简单来说，价值就是我们在对自己想要买入的东西经过认真分析与评估之后，内心得出的结果。

换句话说，如果你打算买一种商品，经过了解与分析之后，得出了这种商品的实用性、美观性、体积重量、品质等多项评分，并将这些评分综合在一起得出自己心目中该商品的价格，那么这就是这件商品的价值。

投资股票则需要分析了解这只股票所代表的诸如商业模式、盈利能力、竞争优势、发展前景、资产状况、现金流、管理层等企业众多方面的信息。我们将这些信息汇总之后，会在心中形成大概的立体图表，并最终估计出企业未来的利润与现金流，从而得出一个价值区间。这个价值区间就是格雷厄姆所说的“安全边际”，其计算步骤如图 1-2 所示。

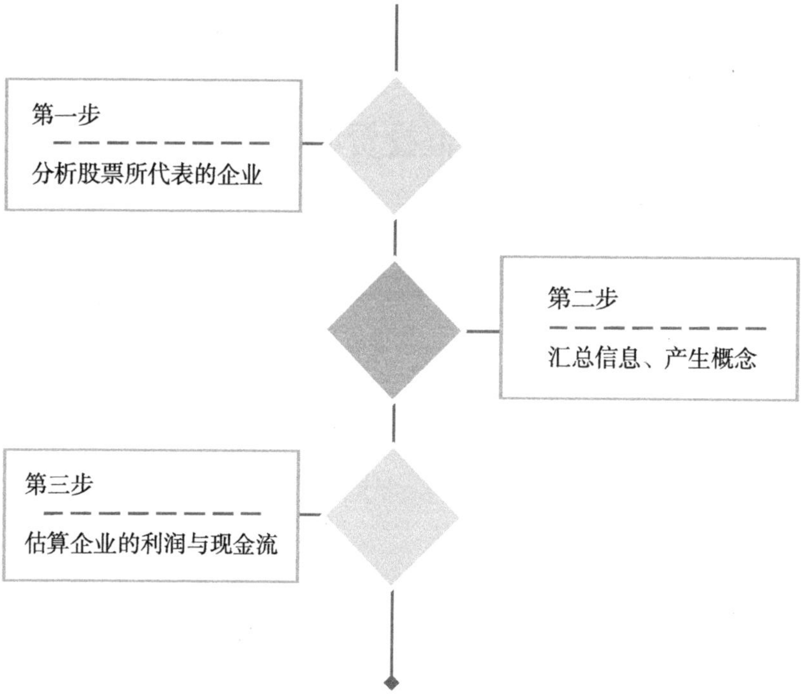

图 1-2 “安全边际”的计算步骤

由此可见，在决定一只股票合理的购买价格时，投资者应当注意预估其安全边际。探索股票估值的最简单的途径就是看该股票的历史市盈率，也就是说需要考察过去 10 年或者更长时间里为该公司每一分钱的收益所需支付的价格的表现。

估值是一个比较的过程，其中包含历史比较和同行业比较，以及行业和行业之间的比较等。这一过程需要投入很多的精力，这也是为什么很多人很难始终坚持估值原则的原因。在第 6 章中，笔者会详细讲解如何进行估值，此处略过不表。

1.2.2 什么是市场价格

市场价格指的是证券市场中股票的买卖价格。股票市场上的市价是指股票在交易过程中交易双方达成的成交价。市价直接反映着股票市场的行情，是股民购买股票的依据。在证券市场发育完善的条件下，股票市场价格是市场对企业股票的一种客观评价。

市场中的股票价格每天都在变化，但是实际上大多数时短期的价格波动与企业的价值是无关的，只有长期的价格才会和价值趋同或是正相关。

格雷厄姆曾经在书中提到："市场短期是台投票机，长期是台称重机。"这句话的意思就是短期市场大多数时候无效，而长期才可能有效。买入股票之后即使短期价格上涨，也并不代表你是正确的；同理，买入之后短期价格下跌，也不代表你就是错误的。

投资需要很长时间的考量，绝不是一蹴而就的。这也证明了价值推动价格不会是短期发生的事情，而是需要长期的积累。虽然众多投资者喜欢分析短期价格所受的影响，但其实真正影响价格的是企业长期的内在价值。

1.2.3 什么是价值投资

上文中对价值和价格的分析，其实已经在很大程度上体现了价值投资的本质。人们通常将价值投资定义为一种实业投资思维在股市上的应用，一般认为凡是买股票时把自己当成长期股东（股票持有 5 至 10 年以上）的都是价值投资者。但正如本小节开篇所说的那样，价值投资在客观上往往表现为长期持有，但实际上并不是追求长期持有。

笔者认为对价值投资最好的定义还是格雷厄姆的版本：投资是根据深入的分析，承诺本金安全以及回报率令人满意的收益的行为，不符合这些条件的操作则是投机。

笔者理解的价值投资说起来很简单，就是找到又好又便宜的公司，分散买入长期持有，但是，在这个浮躁的市场当中，真正能够做到心平气和长期持有股票的投资者其实并不多，如图 1-3 所示。

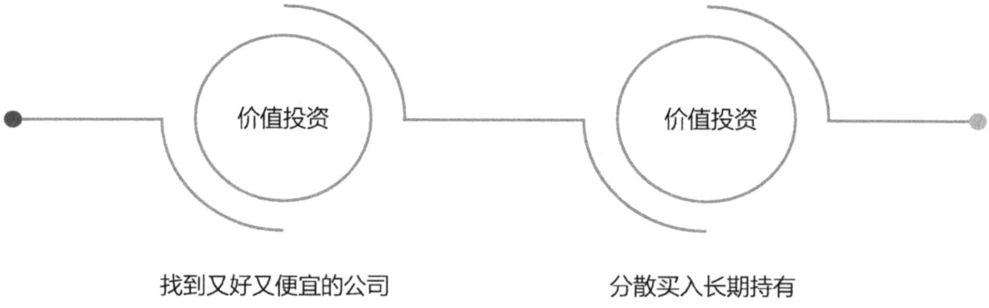

图 1-3 价值投资核心

价值投资坚持低买高卖或者不卖，看似非常简单，但实际上操作起来并非易事。这是因为投资者不仅要能够对企业进行正确的评估，还要能够学会正确地对待股票的价格。就拿笔者多年的价值投资经验来看，价值投资应当利用“买股票就是买企业”的思维，评估其内在价值，优中选优，与市场做朋友，考虑安全边际，买入后定期体检，长期持有，让优秀的公司源源不断地为自己赚钱。

价值投资就是要赚企业增长的那部分钱，而一般企业很难在短期内爆发性增长，而需要很漫长的时间成长。如果你想依靠价值投资在短期内实现暴富，其可能性也许并不大，但是如果你有足够的耐心，长期而言，稳定地获取良好回报的可能性还是非常大的。

综上所述，我们能够总结出价值投资的核心理念，即在低迷的时候，将具有安全边际的投资理念和财务分析相结合，最后做出投资决定。在 2017 年，笔者曾说过“买入热门股票是不专业的人才会做的事情，这种策略注定将带来长期的过低表现”。

1.2.4 价值投资的操作要点

结合格雷厄姆价值投资理论以及巴菲特等投资“大师”对于价值投资的阐释，笔者对价值投资的定义总结如下：简单来讲，价值投资就是以便宜的价格买入好的公司股票，并长期持有。凡是购买内在价值远远超过其价格的行为都是价值投资，否则就是投机。

首先，在价值投资过程中，一只股票的买入价格必须是便宜的。这意味着价值投资者应当设定安全边际，买入价格必须小于或处于股票的合理价格区间。这就需要我们对股票进行一定的估值，即使我们估值估不准，但是也需要做到在心中对企业股票市场价值有个大概的了解。

也就是说，投资必须是经过分析得出来的决定，有逻辑依据，而不是随意假想的；要保证本金安全，不能冒过高的风险；要取得令人满意的收益，而不是很低的收益。当然，在进行估值的过程中，越客观、越保守地进行估价，可能越接近价值投资。

其次，价值投资过程的重点是买入好公司的股票，我们需要投资的是好的公司，好的公司不是有稳定的盈利业绩，就是有良好的成长性，或者两者都有。

最后，价值投资者在价值投资过程中应当坚定长期持有的信念。这也是投资中最困难的事情，最考验一个人的耐力。很多人拿不住股票都是因为其具有落袋为安的心理，拿得住股票的人反而是因为亏钱后不想“割肉”。

价值投资的理念如图 1-4 所示。

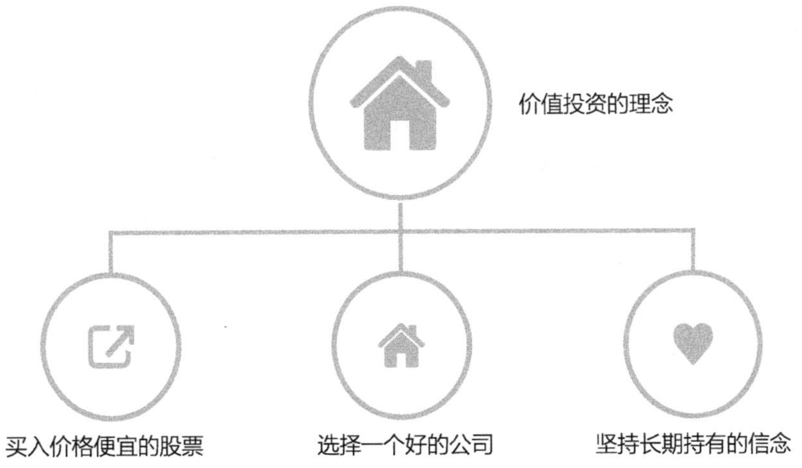

图 1-4　价值投资的理念

1.3 我国股票市场价值投资的有效性

巴菲特曾说过："股票市场对于有耐心的投资者而言是福地，对于没有耐心的投资者而言是陷阱。"如果价值投资每时每刻都能跑赢大盘，那么必然会有无数的投资人涌入，这必定会导致价值投资策略失效。我国 A 股市场诞生于 1990 年，至今已有 29 年的发展历程。期间，市场的深度、广度和结构都发生了翻天覆地的变化。

作为一个价值投资者，你可能需要持有一些被大多数投资者轻视的股票，你需要远离喧闹、浮躁的股评，你需要在市场的大波动中坚定信念，你更需要有足够大的勇气穿越价值投资的长周期。价值投资考验的是人性，投资者需要耐心和定力。

1.3.1 什么是市场有效性理论

市场有效性理论始于 1965 年由美国芝加哥大学著名教授尤金·法玛在《商业学刊》上发表的一篇题为"证券市场价格行为"的论文。法玛认为："市场价格总能够完全反映市场信息。"

《漫步华尔街》一书的作者马尔基尔在 1992 年提出："如果一个市场是有效的，它能够正确、完全地反映与价格有关的所有信息。更正式地讲，如果证券价格不会因为信息的披露而受到影响，则市场是有效的。进一步讲，如果市场是有效的，则人们不可能通过信息分析和发掘获得额外的经济利益。"

试想一下，如果所有人掌握的信息都相同，所有人掌握的证券评估方法都一样，那么整个市场会变得如何？这其实就是市场有效性的假说。金融学中就有关于有效市场的定义：证券市场中，价格能够充分反映所有可以获得的信息，市场上的所有价格都是最公平合理的价格，任何投资者都不能战胜市场而取得超额收益。

市场有效性的成立建立在以下几个基本假设之上：

（1）所有关于证券价格的信息都能充分披露和传播，使每位投资者能在同一时间得到等量等质的信息；

（2）投资者充分理性，使得同等信息产生一致性的分析和交易；

（3）证券交易无成本且传导机制顺畅，使得价格能够根据相关信息而迅速调整到位。

市场有效性是针对不同的数据集合而言的，因此存在 3 种形式的有效市场理论，如图 1-5 所示。

（1）弱形式的市场有效性

信息集合只包含股价的历史信息

（2）半强形式的市场有效性

信息集合包含所有可以公开得到的市场信息，包括股票价格信息和宏观经济信息

（3）强形式的市场有效性

信息集合包含所有有关信息，不仅包含可公开得到的信息，还包含私人信息

图 1-5　市场有效性理论的 3 种形式

1.3.2 我国股票市场有效性现状

市场有效性是价值投资者进行操作的基本依据。了解中国股票市场的有效性现状是价值投资的第一步。当前股市市场有效性存在以下 3 个方面的不足。

（1）信息披露不够及时充分。在前文对于市场价值有效性进行解释的过程中已经提到了市场有效性与信息披露有着密不可分的关系，只有股票市场上股价能够及时、充分地反映市场上所有的信息，市场才会是有效的。

我国的股票市场远远不具备这个条件，尤其是我国股票市场信息披露的充分性、及时性和真实性远远不够。虚假信息、误导性信息、信息披露不及时等现象时常出现，使得投资者中出现信息获取不对称的现象。

（2）投资者的结构并不合理。在市场有效性的假说当中，一个成熟的股票市场对于中小投资者以及机构投资者的构成比例是有一定要求的。其中，按照市场有效性假说的要求，机构投资者资金量占比要高于 70%，而中小投资者资金量占比低于 30%。

然而，根据《上海证券交易所统计年鉴（2018 卷）》中所显示的数据可知，2017 年年末我国自然人投资者持股市值约 59 445 亿元，占比 21.17%；而专业投资机构持股市值 45 294 亿元，仅占比 16.13%。这种投资比例失衡造成我国投资者持股期短、交易频繁、短期投机行为比较明显。

（3）投资者能力不强，存在过度投机行为。上文中所提到投资者结构不合理的问题，导致了我国股票市场中投资者容易出现持股期短、交易过于频繁、短期投机等行为。一方面投资者结构不合理，另一方面市场中的投资者不够理性，投资能力不强，知识储备不足。在有效市场假说当中，所有投资者都被假定为是完全理性的，对于信息的解读是全面的，且所做出的投资决策是在分析信息的基础上得出的合理决定。然而很显然，目前 A 股市场中的大部分投资者都无法达到完全理性的程度。

我国股票市场中投资者的大部分人缺乏系统的投资知识和风险控制能力，且无法判断信息对股票价格的影响，因此，很多投资者的投资行为带有一定的投机性，往往表现为浓厚的“追涨杀跌”心理。当大盘上涨时，人们往往认为股票价格会进一步上涨，因而采取积极的投资策略；而当大盘下跌时，人们往往认为股票价格会进一步下跌，因而采取消极的投资策略，从而会影响股票市场的供求关系，进而影响股票的价格，加剧了市场的风险，使市场的有效性降低。

纵观国内股票投资市场，市场有效理论所要求的投资者完全理性地做出投资决策与投资者的实际操作存在着很大的差异。实际操作中，投资者存在着认知偏差、过度自信、冒险心理、从众心理等非理性心理，从而导致产生“羊群行为”等非理性行为。

1.3.3 我国股票市场有效性的驱动因素

我国股票市场有效性的不断提升与投资者结构和能力的变化密切相关。近年来，个人投资者占 A 股市场流通市值的比重不断下降，而包括一般法人在内的广义机构投资者占比则逐渐上升。相较于个体投资者而言，机构投资者具有专业能力上的优势，并且在期限和流动性方面有更大的容忍度。此外，机构投资者在信息的搜集、分析和理解程度方面往往优于个体投资者，对于价格的判断也更为理性客观。如此一来，市场上机构投资者所占比重越高，市场有效性程度越高。

随着未来人均收入的提高、市场进入壁垒的放宽、企业年金制度的建设及完善，预计会有更多资产管理公司、保险公司、养老基金和境外机构投资者进入 A 股市场，投资者结构的机构化趋势将不断加强，从而将进一步提高市场的有效性。

近年来，随着网络技术的飞速发展，信息传递的速度和精度日新月异，原先存在于投资者之间的“信息鸿沟”逐渐收窄，信息在市场上的分布趋于扁平化，更多投资者有能力进行更加客观、准确的判断，继而推动了市场有效性的不断上升。

我国股票市场有效性的驱动因素如图 1-6 所示。

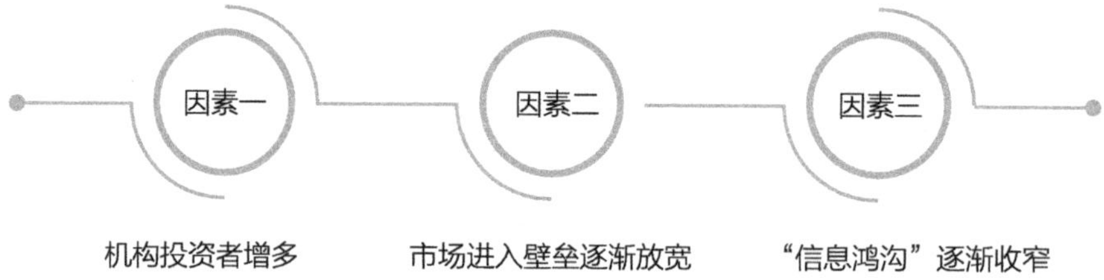

图 1-6 我国股票市场有效性的驱动因素

1.4 价值投资误区

2017 年被很多行业内人士称为我国“价值投资元年”。对此，笔者不予置评。的确，此前如果提起价值投资，有不少人对其是十分不屑的，认为价值投资就是“空话”，认为按照价值投资理论进行操作无法实现投资盈利。

但是，2017 年之后，开始涌现出一大批人追捧价值投资。人们在逐渐接受价值投资的同时，在对价值投资理解、实践过程当中随之产生了种种误区。为此，笔者梳理总结了一些价值投资过程中的常见误区，以便大家“排雷”。

1.4.1 长期持有并非价值投资

前文中也反复提到，长期持有不能够证明是价值投资，很多投资者会片面地将二者画上等号。很多投资者认为一旦自己购买了某一只或者几只股票，放在那里任凭其涨跌的行为就是价值投资。其实不然，如果你不小心选错了股票，即使你持有的时间再久也无济于事，如果手头所拥有的股票本身并没有价值，或者说始终无法达到安全边际，那么此时长期持有只会使自己损失惨重，越陷越深。

也就是说，价值投资是长期投资，但长期投资未必能够代表价值投资。有不少在此方面有误解的投资者一再将巴菲特的名言，例如"如果你不愿意拥有一只股票十年，那就不要考虑拥有它十分钟"等搬上台面，作为自己是价值投资者的注解。

殊不知，巴菲特也曾经说过"时间是好企业的朋友，坏企业的敌人"，投资者如果坚持持有一只行业没有前景、竞争没有优势、没有产业独特性的企业的股票，不仅会损失大量的金钱，更会浪费自身宝贵的时间。

1.4.2 购入蓝筹股并非价值投资

很多价值投资者认为价值投资只需购买大蓝筹股即可，他们认为蓝筹股业绩好、分红多，买入蓝筹股就是等于价值投资。

实际上，这也是错误的思维，原因如图1-7所示。

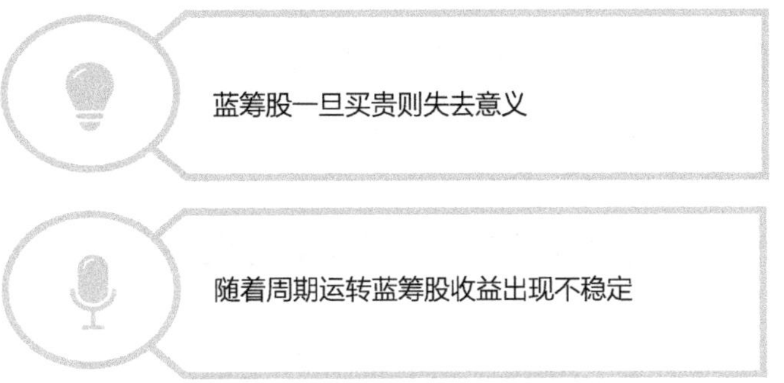

图1-7 蓝筹股可能存在的风险

（1）如果你在蓝筹股整体估值很高时买入进场，一旦未来隐含收益率降低，那么你就极有可能被套住。

（2）如果你所买入的蓝筹股是周期型或基本面转差的蓝筹股，那么同样会出现收益不稳定的问题。周期型个股的特点本身就是"风水轮流转"，极有可能会出现这一年行情好、下一年行情差的情况。基本面转差的蓝筹股可能是受到了整体行业动荡的影响，极有可能一旦下跌再无翻身的机会。

1.4.3 逆向投资并非价值投资

很多人误把价值投资和逆向投资混为一谈，而实际上，价值投资有可能是逆向投资，但逆向投资未必是价值投资。对二者之间有误解的价值投资者，经常引用巴菲特的名言“在恐惧的时候贪婪，在贪婪的时候恐惧”作为进行逆向投资的依据。

在笔者看来，巴菲特这句话的精髓是提醒广大投资者在任何时候都要独立思考、理性思考，而不要被贪婪蒙蔽双眼，不要轻信他人的话，而要有自己的判断。

价值投资绝不是简单地引导投资者逆向投资或者标新立异，而是引导投资者在了解企业、市场、行业的基础之上，制订自己的投资计划，选择是否要逆势而上。事实上，很多时候，“随大流”并没有什么错误，甚至当很多人的判断都一致时，往往表示这种选择是顺应形势的，例如大多数投资者、经济评论家在此前都一致认为某股票不乐观，不建议投资者买入，如果此时你偏要进行逆向投资，那么投资该股票失败的结局将不可避免。

1.5 价值投资最大的风险为选股

在价值投资者看来，投资股市最大的风险其实并不是股票价格的上下起伏，而是你的投资未来是否会出现永久性的亏损。单纯的股价下跌不仅不是风险，反而还是机会，不然去哪里找便宜的股票呢？

价值投资最大的风险来自于选股，如果股票选对了，那么你持有的时间越久，其上涨的概率越大。相反，如果你持有的股票本身出了问题，例如持有了一个业绩越来越差的企业的股票，那么持有的时间越长，其下跌的可能性越大。

显然价值投资是建立在你持有了一个优秀的企业的股票的前提之上的，如果没有这个前提，那么你是不可能做好价值投资的。

有句话说得好：“最怕的是坚持了不应该坚持的，放弃了应该坚持的。”

投资也是如此，投资者应该在优秀的企业上坚持，在劣质的企业上尽快调整。

只有持有一个优秀企业的股票，时间才有可能成为我们的朋友；如果持有了劣质企业的股票，那么时间就会成为我们的敌人，我们无法战胜时间，赚钱的难度自然也就大了许多。

更多的时候，价值投资表现为长期持有。这个长期持有的根本前提就是你所选择的企业要优秀。如果没有这个前提，你的长期持有则毫无价值可言。买入优秀企业股票时的价格高一点不可怕，因为只要时间足够长，其价值是迟早会显现出来的。最可怕的是你以很高的价格买入了一个很差的企业的股票，这样你持有的时间越长，离实现盈利的目标越远。

现在很多机构投资人热衷于对冲交易，控制净值回撤。这等于你同时去做空和做多，要控制做空的风险，就必须不停地进行交易。但若不停地交易，就根本没有时间真正去研究一些优秀企业的长期投资机会。如此操作，虽然你的业绩回报可能在波动性上比过去好，但最终结果一定会乏善可陈。

第2章

投资组合与资产配置

总有人问笔者究竟应该投资哪一只股票才最稳妥？什么时机进场才能够获利？笔者只想说股市投资从来不缺机会，缺少的是投资者发现机会的眼睛。组合投资，分批合理建仓，严格管理资金……只有将投资当作一场马拉松赛，才能做好投资，才能在复杂多变的股票市场中赢得最后。在这其中，投资组合与资产配置分析是必不可少的。

2.1 什么是股票投资组合

在笔者看来，大多数人投资失败的原因是离市场太近，过于看重市场短期的波动。实际上，投资者应该重视的是企业的竞争力是否良好、个人所设定的投资组合是否合理，而不是过度关注股价的上涨与下跌。

在进行投资组合之前，投资者首先应当了解股票投资组合的定义，从而设定符合自身情况以及符合市场的投资组合。

股票投资组合，顾名思义就是指投资者在进行股票投资时，根据各种股票的风险程度、获利能力等方面的因素，按照一定的规律和原则进行选择、搭配，以降低投资风险的一种投资方法。

投资组合是价值投资“安全边际”思想的组成部分。股票投资组合的理论依据就是股市内各类股票的涨跌一般不是同步的，总是有涨有跌、此起彼伏的。因此，当在一种股票上的投资可能因其价格的暂时跌落而不能盈利时，还可以在另外一些有涨势的股票上获得一定的收益，从而可以达到回避风险的目的。

笔者在 2016 年年初接受电视台采访的时候，曾对贵州茅台股票进行过分析。过去 15 年当中涨势最猛的股票之一贵州茅台再创新高了，实现了在 15 年间增长 30 倍的目标。听上去这是一个非常辉煌的成绩。但实际上在这期间，贵州茅台的股票价格曾经有过 70% 的回撤，一般的普通投资者是承受不了这个回撤幅度的。

同时，在这期间，贵州茅台企业最大一次调整时间为 4 年，也就是说在企业股票调整的这 4 年之间，依靠贵州茅台股票是无法赚钱甚至或多或少会亏损的，而这样长时间的不获利甚至亏损更是一般投资者所难以忍受的。这种时候便能显示出投资组合的魅力，投资组合能降低单只股票短期内剧烈波动导致的损失。

贵州茅台 2012 年至 2016 年的价格走势如图 2-1 所示。

图 2-1　贵州茅台 2012 年至 2016 年价格走势图

有很多投资者误以为将资产同时投入多只股票就是投资组合，其实不然，建立投资组合实际上如同建立一支有力的战队，每一只股票都有其各自的优势，以此最终形成一个能够长期获益的有机整体。

正如本章开篇所说，每当有人问笔者应该买哪只股票或问笔者对于某只股票的看法时，笔者都会犹豫。因为笔者在讲解某一只股票时可能只是假设利用少部分资产购买这只股票，但是这很有可能使听众产生理解上的误差，使其在这只股票上押上全部家当，而一旦选错股票就会造成损失。

一个成功的投资者，其 91.5% 归功于正确的投资组合。

2.2　投资组合的目的

还记得 2015 年经历的那一次惨烈的股市波动吗？当时有人告诉笔者，因为在这次股市波动中进行杠杆融资，其已经亏损得一无所有，然而却不知道究竟是哪里出现了问题。其实，当你意识不到自己的投资方法有问题时，你在股市中极有可能会走投无路。完美的股票是不存在的，你需要通过投资组合来分散风险。

对于投资者而言，在股市中把握机会和规避风险是非常重要的。此时投资组合便能够发挥其作用——分散风险，提高整体收益率。

2.2.1 分散风险

股票与其他任何金融产品一样，都是有风险的。所谓风险，是指预期投资收益的不确定性。“鸡蛋不要放在一个篮子里”的故事大家都耳熟能详：如果我们把鸡蛋放在一个篮子里，万一这个篮子不小心掉在地上，那么所有的鸡蛋都可能被摔碎；而如果我们把鸡蛋分散在不同的篮子里，那么一个篮子掉在地上后，我们还有其他篮子里的鸡蛋。

其实投资组合理论就和“鸡蛋放在篮子里”的道理一样，鸡蛋集中在一个篮子里，可能会有全部被打碎的风险；同时，鸡蛋又不能放在太多的篮子里，这样会分散投资者精力，所以投资者要坚持把鸡蛋放在几个确定性高的篮子里，以此分散投资过程中的风险。

股市里面有各式各样的股票，每一种股票都有自己的特点，涨跌情况也不一样，因而投资任何一只股票都是有风险的。投资组合理论表明，股票组合的风险会随着组合所包含的证券数量的增加而降低，资产间关联性低的多元化证券组合可以有效地降低个别股票风险。

另外，股票市场变化无常，作为一个普通的投资者，其实际上无法预测资本市场未来是否会发生突发事件。例如，某白酒股突然遭遇塑化剂事件而一夜大跌等。这些所谓的“黑天鹅”事件无一不在提醒我们，世事难料，将全部资产放在一个篮子里并非稳妥，只有做出合理的投资组合才能够尽可能地分散“黑天鹅”带来的风险。

在此，以一个简单的数据作为例子来说明投资组合在分散风险方面的作用。如果一个投资组合里有5只股票，即使有一只股票遇上了上述的“黑天鹅”事件，出现跌停，总资产回撤幅度也就不过2%，而这样的波动一般来讲不会让投资人产生过多的担忧。但是如果单一持股，出现一次跌停，资产回撤幅度就会高达10%。

由以上数据可知，如果同时购买多种不同的股票，那么当一种股票下跌或者不盈利时，另一些股票还可以收益，从而降低投资损失的风险。

系统性风险与非系统性风险的辨析如图2-2所示。

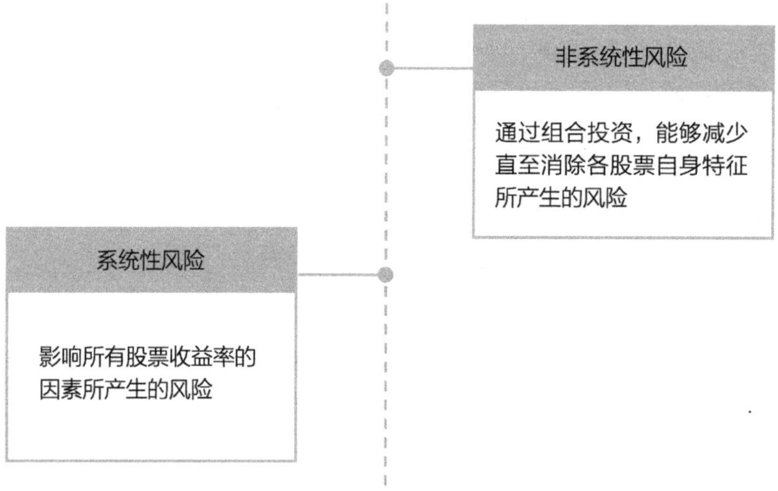

图2-2　系统性风险与非系统性风险的辨析

那么再回头看对于贵州茅台股票的分析，不难看出投资组合所发挥的作用：有些投资者能够挺过4年不获利的调整期甚至能够在此期间获益。

坚持价值投资的“股神”巴菲特一直坚持“鸡蛋不要放在一个篮子里”的投资策略。巴菲特买可口可乐的股票，拿了13年没有赚钱，如果说企业没有问题，应该说这种回撤是可以接受的。随后巴菲特投资IBM持有了4年最终亏损了十几个亿，但他所持有所有股票的净值之和再创历史新高。这就是因为他做了投资组合，或者说他通过投资组合去分散风险，这样就能够灵活应对风险，即使一只股票有亏损但仍旧能够通过投资组合实现整体获益。

2.2.2 稳定收益

设定股票投资组合的另一个重要目的就是在投资者可接受的风险水平内，通过多样化的股票投资组合，稳定投资者的收益，使投资者达到收益最大化的目标。从市场经验角度来看，单只股票受行业政策和基本面的影响较大，其相应的收益波动往往也很大。

做投资最主要的目的就是获得收益，在公司业绩快速增长的时期，企业的股票可能给投资者带来一笔相当可观的收益，但是如果因投资者未观察到信息而导致股票价格大幅下跌，则可能给投资者造成很大的损失。因此，在给定的风险水平下，通过多样化的股票组合设定，可以在一定程度上减轻股票价格的过度波动，稳定投资者的股票收益，从而使投资者在一个较长的时期内获得最大收益。

举一个简单的例子，如果你做中线投资，正确率是 75%，每个月满仓选择做一只股票，那么在一年时间内很有可能会出现其中 3 个月大亏、9 个月大赚的情况。而最后你所能够获利多少也不明确，因为从 30 元跌到了 15 元，跌幅达到 50%，但从 15 元涨到 30 元，涨幅却要达到 100% 才行。

如果同样是在正确率为 75% 的情况之下，进行合理的投资组合，同样持有 4 只股票，以半年为一个操作周期，那么其中可能会有 3 只股票赚钱，有 1 只股票亏损，最终总能剩下 2 只股票盈利，从而保证你盈利的稳定性和持续性。

稳定的盈利，才是投资的目标，一点点前进才能展现复利的威力；大起大落，最终可能导致“竹篮打水一场空”。

由上述内容可知，投资组合的目的是分散风险、兼顾行业机会轮动、稳定收益波动。投资组合是一种有效的股票投资方式。

2.3 投资组合策略

1987 年，巴菲特破例接受了《福布斯》的采访。其中，记者问道："你好像不喜欢买太多的股票？"巴菲特给出的回答是："我有 4 只核心的股票，这些是我真正想要的，它们代表了我的投资组合。另外，我还会用少量的钱去买一些有潜力进入核心股票池的股票，通常是 5 只。"

对于如何选择投资组合，其实因人而异，不同资产配置的投资者所应当选择的投资组合也应该是有差异的。笔者曾在自己的博客中写过这样一段话：

"土豆和西红柿根本不是一个世界的，但它们组合到了一起，成为风行全世界的快餐，因为土豆变成了薯条，西红柿变成了番茄酱，它们俩变成了绝配，成就了两个伟大的企业——麦当劳和肯德基。"

股票投资当中的投资组合也正是如此，重要的不是"原料"，而是"组合"。投资者只有了解投资组合，懂得如何构建自己的投资组合，才不会因小失大，才能刚柔并济，从而在投资市场中取得胜利。

那么，在价值投资的过程中，应当怎样构建正确的投资组合方式呢？

价值投资中，对于股票投资组合，投资者可以从两个方面进行考虑，如图 2-3 所示。

图 2-3 对于投资组合的两方面考虑

（1）如果从安全性角度进行考虑，则股票投资组合需要配无风险资产，如果从股票的收益性角度进行考虑，则股票投资组合需要配置不同弹性的风险资产。

（2）如果从股票投资组合的不同资产角度进行考虑，则要不断组合相关性较弱的资产，以降低股票投资组合风险波动率。

利用资产组合理论建立起来的投资组合，需要实现的目标是：在最大的预期收益下组合的风险最小，或者说在最小的风险下组合的预期收益最大。同时，投资者要确保入选组合的股票都是通过一定的标准筛选出来的。这里的标准包括五星标准、ROE、营业收入、营业收入增长率、净利润等。

2.3.1 寻找行业龙头，把握投资风险

说起选择投资组合，笔者认为首先应当将行业内的龙头股票进行组合，例如，银行业的招商银行、保险行业的中国平安、高铁行业的中国中车、物流行

业的顺丰控股、航空行业的中国航空、人工智能行业的科大讯飞、白酒行业的贵州茅台、生物制药行业的恒瑞医药等，这些股票都是行业中的龙头股票，基本呈现出逐年上涨的趋势，并且出现了翻倍的行情。行业龙头股示例如表2-1所示。

表2-1　行业龙头股示例

行业龙头股	对应行业
美的集团	国内家电行业龙头企业
贵州茅台	国内酿酒行业龙头企业
中国平安	国内保险行业龙头企业
中国中车	国内高铁行业龙头企业
科大讯飞	国内人工智能领军企业
东方财富	国内领先的网络财经信息平台综合运营商
福耀玻璃	玻璃行业制造商世界领跑者
中兴通讯	中国通信企业全球化的代表
海天味业	国内食品制造业行业龙头
爱尔眼科	民营眼科医院连锁企业
华大基因	国内基因测序龙头

选择好行业及好行业当中的龙头股票进行组合投资时，其中必然还有很多细分的龙头，龙头不是单纯看A股市值，横向的还要和港股比较，和全行业的企业比较。

纵观当前的股市大行情，在行业外部环境稳定的前提下，A股如今的模式变得十分简单。笔者所一直看好的一些行业至少有80%没有出现过太大的行业变更，甚至有些行业的扩张速度超出了笔者的预期。但投资还是需要有策略的，在自己擅长的领域中，看清行业的拐点才能够更好地进行投资。那么，行业当中的龙头就是一个“风向标”，能够帮助投资者有效创建投资组合。

在创建投资组合的过程当中，我们关注的行业涉及很多的领域，所以我们并不能侦测到所有这些行业的变动，你一旦关注了某些行业，势必要去找一些专业人士、交一些朋友，切记投资不能闭门造车，因为闭门造车会使我们因信息匮乏而感到恐惧，又因为恐惧而缺乏坚定持有的信心。

笔者始终认为在牛市错过牛股，等于亏损。牛市也是有其规律的，如今世界范围内都有龙头偏好，投资者虽然应当始终向龙头看齐，但是不要忽视行业中的挑战者。被颠覆的行业很多，被赶下王位的行业也很多，一旦被赶下王位，则不再有龙头溢价，未来股价调整就很有可能长路漫漫。

我国已经发展到了一个新的阶段，龙头思维已经渗透到了市场的方方面面。如今的所有行业和领域都在集中——行业在集中、资金在集中、人口在集中，未来还将是这个趋势。抓龙头是投资人的主要盈利方式，投资者在选择投资组合的过程中，也应当具有组合行业龙头的意识。

2.3.2 选择不同行业，分散投资风险

在选择投资组合的过程中，找寻行业龙头固然重要，选择不同的行业领域进行投资也十分必要。适当分散实际上是对投资者的一种对冲保护。因为在投资的世界里，没有什么是确定不疑的，切忌孤注一掷。

举一个简单的例子，如果设定单只股票的最大仓位是 30%，那么即使你因为投资判断失误，在买入后下跌一半时，整个投资组合也只是下跌了 15%，虽然可能仍旧存在亏损，但是极大地减少了损失。而如果重仓一只股票，一旦判断失误，下跌一半，那么投资者不仅要在资金层面获得一倍收益才能回本，同时其投资心态也会受到极大影响。

分散投资风险势必涉及行业分散，行业分散也可以称为领域分散，就是把资金分散在不同的行业。这些行业包括股票、基金、债券、保险、银行、互联网理财等。对于投资新手来说，行业分散很重要，这样可以熟悉不同领域的投资方法与技巧，找到适合自己的投资领域。

上两节也提到了构建投资组合时的目的是分散风险，这就需要投资者能够将资金分散到不同的行业当中。在笔者看来，投资者最好是分散几个行业，分别持有行业龙头公司股票。每个行业价值回归的时间是不一样的，也就是说市场很多时候当特别看好一个行业时，就会将其股价炒起来，对于不看好的行业则会让其继续低估。如果是分散持股，股仓里就会有股票提前价值回归，不至于使自己手中所持有的股票全部“坐冷板凳”。

当然，笔者在这里所说的行业分散也是指要将资金分散到发展好、竞争小、有壁垒的行业当中，因为谁也不能够完全预知将来哪些行业会成为发展的大头。同时，即使将资金分散到不同的行业当中，我们仍旧要遵循上文所说的创建投资组合时应把握的要点——选择行业龙头。

不过，即使是要将资金分散，笔者也不建议投资者选择过多的股票，进行盲目投资。在此，笔者的建议是，对于一般的普通投资者而言，在有发展前途的好行业中挑选 3 至 5 只股票进行组合为宜；对于资金雄厚（拥有 100 万元至 1 000 万元）的投资者而言，可以在发展前景好的行业当中，挑选出 5 至 10 只股票进行组合。尤其是对于投资资金能够达到 100 万元以上的投资者，在市场处于大熊市或者震荡的行情当中时，可以加大投资组合的力度，建议选择 10 只以上的股票进行投资。

2.4 分期分批逐步买入优质企业股票

上文在讲投资企业组合建议时提到过，对于投资资金规模不同的投资者来说，其所要选择投资的股票数也不应相同，少则 3 至 4 只，多则 10 只。实际上，在进行投资组合的过程中，对于资金、仓位的分配同样应当做到合理。对于一般投资者而言，在资金较少的情况下，笔者建议单一股票仓位不要超过 20%；同理，对于资金充裕（拥有 100 万元以上）的投资者而言，其单一股票的仓位不要超过 10%。

笔者在个人投资过程当中，始终牢记着 4 句话：价值投资再难也要坚持；股票再好也要组合；资金再多也要分批买进；市场再差也要持有自信。由此可见，笔者将分批分期买入放在价值投资很重要的位置上。

股票投资市场当中最不缺少的就是机会，但却鲜少有人能够切实在市场中坚持到最后。只有组合投资、分批合理建仓、严格管理资金、把投资当作马拉松赛，才能做好投资并在复杂多变的股票市场中赢得最后的胜利。

对于价值投资稍有了解的朋友都知道，以一个好的价格买入股票十分重要，买入的价格足够低，一方面能够保证在相同资金规模情况下买入的股票数增加，另一方面能够保证足够的安全边际。因此，如何买入应该是大部分价值投资者最关心的问题。除了一些估值以及系统的算法以外，在组合过程中，没有什么比能够分期分批买入更加有效的方式了。

笔者认为，在进行投资的过程当中，组合中每只股票即使只购入总仓位的 20%，也要做到分批买入，并且至少应当要分 3 批进行购买，绝不要一次性全部买入。分期分批购买股票包含了两方面的含义，如图 2-4 所示。

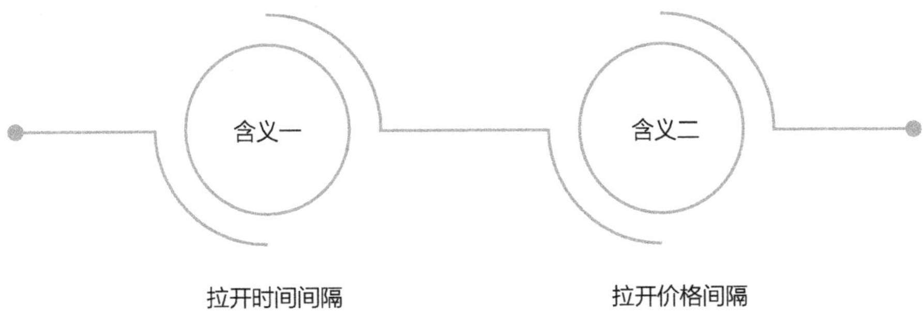

图 2-4　分期分批买入的两方面含义

第 2 部分　选择公司

第3章 企业经营分析

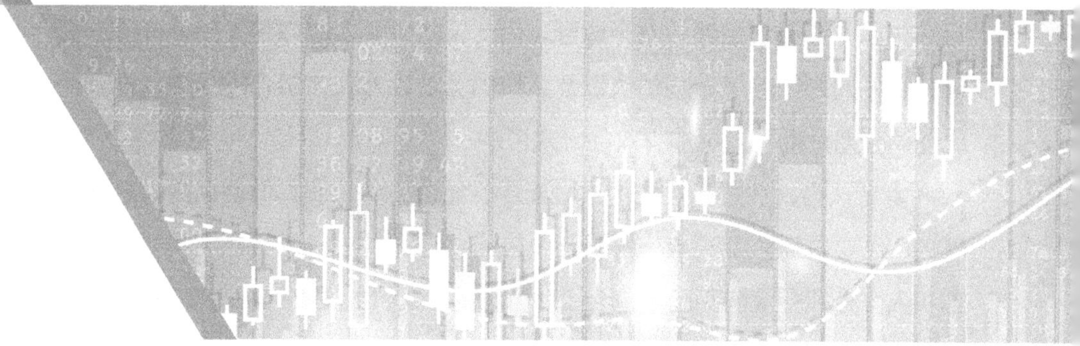

分析企业的经营是选择企业的首要步骤。通过对上市公司基本面的深入分析，从财务报表中发现存在的投资机遇，可以帮助投资者理解不同行业背后的驱动力，发现好的公司、挑选正确的股票。

3.1 企业的股权结构

上市公司的基础可以说是管理层和股权结构。股权结构不合理，公司将无法保持长期稳定的有效发展。从开放的角度来讲，股权结构是指股份公司总股本中，不同性质的股份所占的比例及其相互关系。其中，基于股东地位和身份可对公司主张的权利即股权。

股权结构是公司治理结构的基础，公司治理结构则是股权结构的具体运行形式。不同的股权结构决定了不同的企业组织结构，从而决定了不同的企业治理结构，最终决定了企业的行为和绩效。

3.1.1 股权激励制度

2018 年 6 月 23 日，在小米全球发售新闻发布会上，有记者提问：为何在小米企业上市之前要向小米的创始人、董事长雷军授予 98 亿元的股权激励？小米总裁林斌称这是董事会开会决定的，而雷军并不知情。同时，林斌还说："这是对过去 8 年雷总带领团队的奖励，我们管理层都觉得这是实至名归。"当时笔者在自己的微博中转发这条新闻后，很多网友对此都发出了质疑声。但无论如何，这都体现出了股权激励制度在企业股权分析中的重要性。

股权激励也称为期权激励，是企业为了激励和留住核心人才而推行的一种长期激励机制，是目前最常用的激励员工的方法之一。股权激励主要是通过附条件给予员工部分股东权益，使其具有主人翁意识，与企业形成利益共同体，促进企业与员工共同成长，从而帮助企业实现稳定发展的长期目标的过程。

可以说，通过股权激励的方式让员工成为企业的主人，让他们觉得是在为自己打拼，这将有助于企业持续地发展。

近年来，不少上市公司都实施了股权激励计划。股权授予时的价格相对于根据当时的股价计算出来的公允价值来说有相当大的优惠，这个优惠就构成了股权激励的费用，需要在一定的时间段内摊销，由此增大了企业的管理费用，减少了当期的利润。

良好的股权激励制度大致包含以下 4 个方面，如图 3-1 所示。

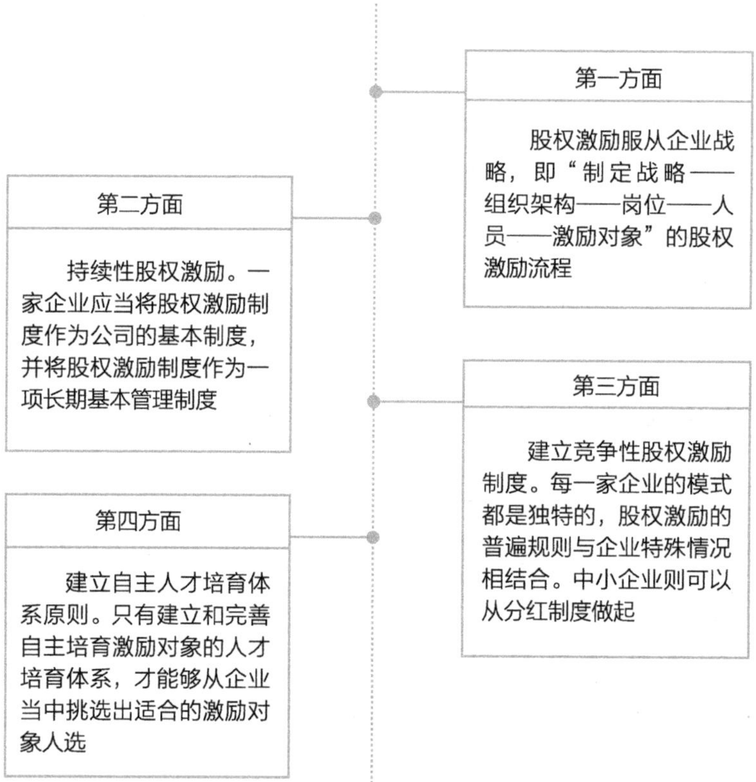

图 3-1　股权激励制度的 4 个方面

3.1.2　分红制度对股票的影响

通常需要根据股票分红制度，才能评判分红对于股票价格的影响，因为企业处于不同的阶段，需要的资金量也是不同的。蒸蒸日上的企业需要投入更多资金以扩张业务，而已经具备一定规模的成熟期企业，其自身需要提升的是利润率，需要通过节省销售费用和管理费用来提高利润，这个时候现金可能并不能产生更多收益，如果将现金用于购买理财产品就变得毫无意义，因为这样只能赚取固定收益，因此，此时就应该分红。

所以说，分红对于成熟类企业很重要，而对于成长类企业，投资人需要容忍必要的无分红期间，甚至于长期不分红。只要企业在生长，其在最终进入成熟期时，将会通过更大的分红来回报投资人。

对于成熟类企业，分红的多寡是一家企业好坏的一个非常明确的指标。一家稳定分红的企业至少说明以下几点：

（1）这家企业至少现金流充裕，在经济动荡和波动期间，其没有现金流的危机；

（2）这家企业控制人趋向稳健，而不是扩张，投资失败的情况会减少；

（3）这家企业属于成熟企业。投资者可以通过参考股息率而不是市销率、市盈率或者市净率来判定其估值。

如果一家企业在数年内稳定分红，我们认为这是一家经营稳定的企业，在不考虑差价的情况下，建议参考股息率，也就是将每年的分红作为一项利息收入，去除以市值，得出持有股票的利息率。这样在长期投资当中，你可以很稳健地获得收益而不至于中途被动卖出。

截至 2019 年 4 月，A 股股息率排名如图 3-2 所示。

排名	股票	股息收益率	滚动市盈率
1	兰州民百(SH600738)	25.64%	4.05
2	银亿股份(SZ000981)	14.14%	10.46
3	英力特(SZ000635)	11.07%	122.38
4	方大特钢(SH600507)	9.54%	7.6
5	中国石化(SH600028)	9.44%	11.38
6	旷达科技(SZ002516)	8.33%	16.96
7	康力电梯(SZ002367)	8.22%	63.99
8	哈药股份(SH600664)	8.16%	45.05
9	莱克电气(SH603355)	8.05%	25.4
10	汉宇集团(SZ300403)	8.01%	23.3

图 3-2　A 股股息率排名

注：上图数据来源于“乌龟量化”

3.2　企业如何赚钱：企业的商业模式

笔者曾经不止一次在自己的课程和博客中表示：投机的门槛非常低，但投资的门槛是非常高的，掌握了正确的价值理念和投资逻辑仅仅是跨入了投资的门槛而已。

投资者要想真正做到持续性地赚钱，就必须要掌握大量的商业知识，必须有能力判断什么是好公司、什么是差公司，有能力判断公司未来的发展前景，有能力判断好的商业模式和差的商业模式，有能力判断行业的优劣等。用一句话总结：你必须理解企业运营，站在企业运营者的角度来分析和评估公司。

3.2.1 企业的商业模式

商业模式是一种包含了一系列要素及其关系的概念性工具，用于阐明某个特定实体的商业逻辑。它描述了公司所能为客户提供的价值以及公司的内部结构、合作伙伴网络和关系资本等借以实现（创造、推销和交付）这一价值并产生可持续盈利收入的要素。

简单来说，商业模式指的是企业通过什么渠道或方式来赢取利润，商业模式是一种企业赚钱的方式，商业模式的强大与否，体现在该企业的赚钱能力强弱上。

同一行业，大多企业的商业模式趋同，而只有很少企业的商业模式与众不同，这种不同往往都是由其自身的独有特点决定的，难以复制。这样的企业往往可以赚取超额利润。

商业模式已经逐渐成为经常挂在创业者和风险投资者嘴边的一个名词。有一个好的商业模式，成功就有了一半的保证。

在笔者看来，一家企业拥有合理、创新的商业模式远远比拥有技术重要得多。这是因为企业设定良好商业模式对于其整体发展来说要踏实很多，也简单很多。所以，在价值投资过程当中，要给拥有好商业模式的企业以高估值。

拥有良好的商业模式的好处之一是，当商业模式达到一定规模后，还能够有效抑制其他类似公司的发展，形成垄断。这种垄断是企业自然形成的，特别牢固。另外，企业用同样的成本来改进商业模式要比研发新技术容易很多。

3.2.2 沃尔玛开创新零售商业模式

如果要在商业上取得成功，那么最重要的就是要进行强强联合，彼此要能解决各自的痛点，实现共赢。近些年，随着电商的崛起，沃尔玛这种传统的零售商业模式遇到了挑战。电商平台在经历了快速扩张之后，也遇到了线下及时配送的问题。因此线上线下融合成为一种商业发展趋势。

2018 年 7 月 19 日，我国最大的自营电商平台京东和全球零售巨头沃尔玛，在北京联合发布了代表线上线下融合的“三通 2.0”战略，依托该战略，双方还共同启动了 2018 线上线下联动的大型狂欢购物节——“8.8 购物节”。

京东和沃尔玛两大零售和电商巨头，掌握着线上线下的渠道优势，拥有强大的大数据分析能力和世界领先的供应链管理体系。双方早在 2017 年就已经启动了用户、门店、库存互通，2018 年则在此基础上升级合作，推出代表线上线下融合的战略。

因此，我们看到全球最大的零售商沃尔玛与大型电商平台京东展开全面的合作，双方互利共赢。沃尔玛在我国 30 个城市的 200 家门店全部入驻京东到家平台，为京东和沃尔玛顾客提供 1 小时送达服务。

据统计，就此一项服务，2018 年 6 月，沃尔玛在京东到家平台上的销售额是上年同期的 3.5 倍，位居平台第一。

京东和沃尔玛的合作历程如图 3-3 所示。

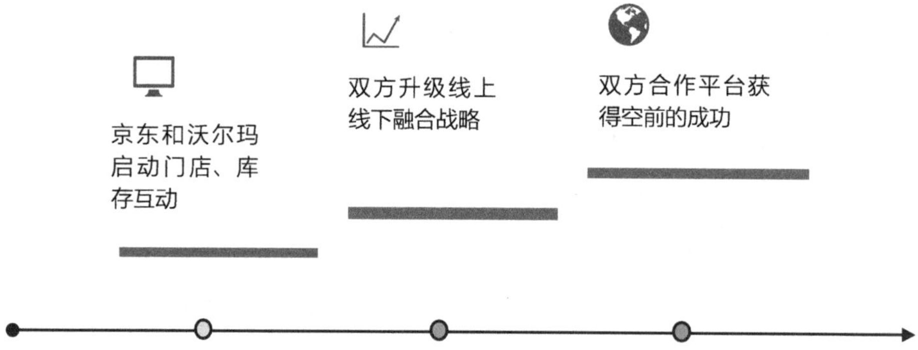

图 3-3　京东和沃尔玛的合作历程

京东平台上的沃尔玛全球购官方旗舰店拥有 10 多万种商品，成为京东品类最齐全的第三方店铺。可以说，京东和沃尔玛的强强联合，开启了线上线下融合的无界零售模式。

这种创新性的商业模式，不仅提升了沃尔玛的销售业绩，同时也使二者实现了双赢。由此可见，识别企业的商业模式是分析一家企业经营的重要环节之一。

3.2.3 移动互联网如何颠覆传统商业模式

随着现代互联网技术的发展，移动互联网行业中的企业开始逐渐寻求创新的商业模式。例如，百度提出了要连接人和技术，阿里巴巴提出要连接人和商品，腾讯则提出连接一切的概念。通过这些大型企业对互联网的理解，我们可以看到互联网的本质就是连接，因为互联网有能力把许多信息孤岛连接起来。特别是在苹果开创移动互联网时代之后，互联网连接的移动终端是PC（personal computer，个人计算机）端的几倍。因此，移动互联网时代到来之后，连接的终端多了，智慧随之产生，商业机遇也随之产生，商业价值也明朗了许多，很多新的商业模式诞生了。

对于互联网产业中商业模式的创新，笔者曾在2015年一篇名为"移动互联网是如何颠覆传统的商业模式的"文章中进行过分析。其中，笔者以Airbnb和打车软件为例对相应的商业模式进行了简短的分析。

例如，2015年Airbnb公司的市场估值约200亿美金，该企业最初就是因为两个年轻人在旧金山找不到酒店而成立的。在拥有Airbnb之前，如果旅客要到外边去旅游，或者是商务旅行，只能选择居住酒店。但是Airbnb通过互联网改变了传统的酒店商业模式，旅客现在除了可以选择住在酒店之外，还可以选择住在民宿，这种方便程度是传统酒店商业模式无法比拟的。

再如，Uber进入我国时的估值大约为400亿美元，它带来了互联网终端打车模式。我国类似的企业有大家熟悉的滴滴打车。在PC时代是不可能有滴滴打车这种商业模式的，因为出租车是流动的，人也是流动的，没有移动终端，是无法把两者连接在一起的。但是互联网却不同，互联网就像一个活的生物，能够不断繁衍出一些新模式。

因此，利用互联网的这种连接一切的特性，催生出新的商业模式的企业，我们把它叫作连接型企业。例如，腾讯是连接人和移动设备的；滴滴打车是连接出租车和打车人的；阿里巴巴是连接消费者和商家的；全通教育是连接学生和教师的；东方财富网是连接股民和机构的。

所有企业都要具备连接一切的互联网思维，适应移动互联网带来的商业模式的改变，否则即使是互联网公司都会被淘汰。

通过互联网企业的发展过程能够看出，很多互联网企业由于无法颠覆传统模式而衰落。为什么腾讯的市值能够实现近 100 倍的增长？这是因为腾讯公司抓住了网络的最本质的特点，即连接，连接人、连接信息、连接服务。如果只连接人和信息，一些门户网站一定会衰落。而百度和腾讯则是做到了让互联网从门户变成连接搜索和社交，实现了传统商业模式的转型。

移动互联网对于传统企业的颠覆更是超出人们的想象。移动互联网并不是你做一个 APP 或者做个电商平台那么简单。如今餐饮业已经突破了 1.0 的互联网模式，做到 2.0、3.0 了。

因此，在笔者看来，我国现在已经进入了一个供给过剩的时代，而移动互联网通过网络连接一切，集聚了人们的个性化需求，实现了天性的释放，在天性释放的同时提高了社会的生产效率，把小众需求集聚成一种商业模式，由此实现对传统行业模式的颠覆。

3.2.4 新浪微博更新商业模式

笔者曾经不止一次对新浪微博的商业模式进行了分析，直至 2016 年 1 月 26 日，华林证券与新浪微博签署战略合作协议，成为微博股票的战略合作伙伴。这也使得新浪微博开创了一种新的商业模式。双方围绕互联网证券、大数据产品研发、投资者教育及品牌传播等多方面展开深入合作，共同探索移动互联网下的社交金融业务模式，为用户设计出更具移动互联网和社交基因的金融产品与服务。

新浪微博是全球具有较大影响力的中文社交媒体，数据显示，截至 2019 年 8 月 19 日，其拥有超过 4.86 亿的月活跃用户和超过 2 亿的日活跃用户。近年来，微博财经类的用户增长迅速，截至 2015 年年底已覆盖对财经感兴趣的用户超过3000万人，有财经类的相关博文条数接近2亿，目前每日微博上产生的个股原创股评达到30万条。华林证券则是国内最早成立的综合类证券公司之一，具备业务全牌照资格，业务范围辐射全国，其中投行业务常年稳居市场前列，其他业务均发展可观。2015年其IPO承销数市场排名第4；分支机构覆盖全国重点省（市）、自治区，截至2016年1月，开设营业部79家，两年内增设营业部至200家。华林加大互联网金融发展力度，2015年创新推出移动端免下载开户平台、智信理财师网络投顾平台、营销人员二维码展业平台等行业领先项目，并获得互联网证券试点、保证金消费支付、网上开户优化试点等创新资格。

在这次双方签署的战略合作协议约定在合作期内，华林证券主要负责互联网证券平台的研发与服务运营，微博在股票频道提供资源进行推广，并提供业务办理入口和品牌宣传支持。新浪微博和华林证券二者将共同探索社交化投资平台的运营模式，结合专业投资顾问和用户生产内容的形式，为用户提供优质的财经内容和便捷的业务办理服务，联手将微博股票频道打造成国内最活跃的社交化投资社区。

与此同时，不仅在微博平台，双方还围绕互联网金融、投资者教育等主题开展线上线下活动，并与微博教育、微博校园等资源联动合作，推出特色化投资者教育项目，共同促进互联网金融的健康发展。同时，双方将考虑共同研发基于金融大数据的投资策略和金融产品。

这二者的合作有助于微博对财经类用户的垂直深耕和提供精细化服务，共同打造社交与金融的闭环。而事实也证明，二者之间的合作确实具有推动新浪微博财经频道发展的作用。

3.3　企业的管理模式

一个卓越的企业之所以能够脱颖而出，除了因为其有合理的股权结构、能够盈利的商业模式以外，还因为其具有明智的管理层和合理的管理模式。

3.3.1　企业管理层分析

优秀的管理层是始终把股东利益放在首位的团队。

管理层分析涵盖 4 个方面的内容，如图 3-4 所示。

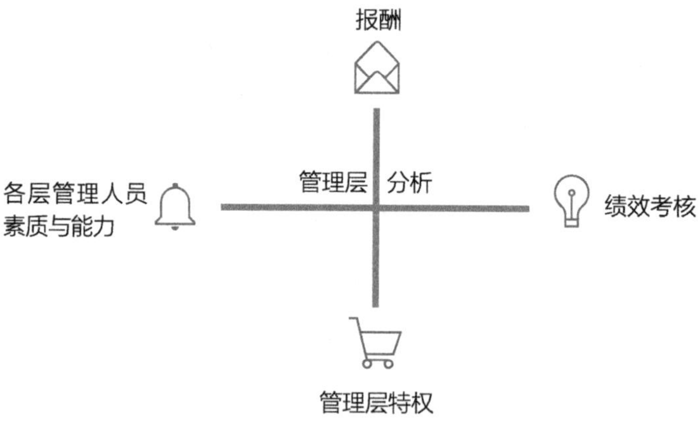

图 3-4　管理层分析的 4 个方面

1. 报酬

报酬包括公司管理人员的薪资以及其获得的各种津贴。上市公司管理层报酬的离散程度非常高，且没有明显的规律性和一致性。相当一部分上市公司的管理层报酬表现出“工资刚性”。

在观察报酬时，可以查看公司的薪酬计划，找出其中管理层会为自己支付的薪酬。帕特·多尔西曾经在《股市真规则》一书中提到："一般来说，相对于高额的薪水我更喜欢高额的红利，相对于慷慨的期权计划我更喜欢严格限制的股票期权。红利意味着报酬的一部分是有风险的，至少理论上是这样的；而严格限制的股票期权意味着如果股票下跌管理层也会有金钱损失。"

中国有句古话"没有功劳也有苦劳"，而笔者认为管理层的职责就是为股东创造效益。竞争对手间的管理层的薪酬对比是常见的思维，其过高或过低都暗示存在问题，企业应当及时寻找自身原因。

2. 绩效考核

绩效考核是企业绩效管理中的一个环节，是指考核主体对照工作目标和绩效标准，采用科学的考核方式，评定员工的工作任务完成情况、工作职责履行程度和员工的发展情况，并且将评定结果反馈给员工的过程。

在分析企业管理层时，投资者应当关注管理层的薪酬是否真的与企业的业绩表现相关。有不少公司的绩效目标是由董事会委员会制定的，因此在管理层利益受损时会出现变动。

常见的绩效考核方法包括 BSC、KPI 及 360 度考核等。绩效考核是一项系统工程，是绩效管理过程中的一种手段。

3. 管理层特权

管理层特权中包含特殊津贴、专项补助、期权的比例和限制条件等，这些也是评估管理层的重点问题。如果出现管理层特定贷款被豁免、管理层通过公司获得额外津贴、管理层过分使用期权等问题，则有可能是企业即将出现危机的信号。

4. 各层管理人员的素质及能力

管理层的个人素质以及能力同样是分析一家企业管理能力的关键性证据。一般情况下，一家企业管理人员分为 3 个部分：决策层、高级管理层和执行层。

决策层是企业最高的权力机构，应有明确的生产经营战略和良好的经济素养，他们应具备较高的企业管理能力和丰富的工作经验，有清晰的思维和综合判断能力。

高级管理层人员应具有与该企业相关的技术知识，通晓现代化管理理论知识，有实际的管理经验，有较强的组织指挥能力，有扎实的廉政工作作风。

执行层是指企业的最基层。各部门的任务要由执行层人员实际操作实施，加以完成。

3.3.2 从马云辞职看企业的最佳治理结构

2018年9月10日，马云辞职的消息迅速在网络中传播开来，成了重磅新闻，很多人都对此议论纷纷，担心马云的离开会对阿里巴巴今后的发展造成不良的影响。但是实际上，无论马云是否离开，都不会影响公司的运行。因为阿里巴巴很早就进行了公司治理架构的建设，确保马云等关键人物离开时不会影响公司的运行。

什么是治理结构？简单说，就是一家企业谁说了算。在现实当中，企业最为常见的结构仍旧是“一人独大”，企业利益的最终趋势是个人守护私产，企业家为了防止利益纠葛而不愿意下放权力。很多大型企业为家族产业，自然而然会需要一个“领袖”与“继承人”。

实际上，“一人独大”的情况比比皆是。在企业的前期发展过程中，个人说了算的企业具备执行力，毕竟员工为了保住饭碗总会努力执行命令。但是一旦企业开始快速发展扩大之后，管理层设置复杂，“个人独大”的模式往往会失去持续力，部门林立的企业往往会出现阳奉阴违的恶习，一个人很难管控，当要达到某个目标时，部门之间就开始上演“宫斗戏”。一般来说，一些企业的瓶颈在营收5 000万元这个档口，这时职业经理人或双头领导是可行的管理模式。

除了“个人独大”和“双头领导”模式以外，三人形式的治理结构也有一定的存在空间。这种存在空间实际上并不适合竞争，而是属于三角制衡体系，很多时候适合非营利组织。这种治理结构没有冲击力，但是可以维持长期的稳定。

4个人以上的团队，统称圆桌会议。说是圆桌会议，但实则仍旧需要一个灵魂人物来进行管理，例如亚瑟王是圆桌骑士的灵魂。很多大型科技企业都具有灵魂人物，诸如马云与阿里巴巴、乔布斯与苹果公司、扎克伯格与Facebook、丁磊与网易公司、马化腾与腾讯等。这些企业的灵魂人物所处的管理结构已经十分复杂，而他们也并不直接参与经营的具体细节，圆桌会议模式维持日常经营，当有巨大分歧时找企业灵魂人物定方向。但大家也能明显看出，这些企业实际上就像是升级版的“一人企业”，圆桌式公司治理在历史上基本是不存在的，因为意见一旦无法统一，企业将无法持续前进。

第4章 竞争优势分析：企业的护城河

只有企业的产品具有足够强大的竞争力，企业才会产生自己的竞争优势，这样的企业才是我们应该寻找的目标。在进行价值投资之前，投资者应当仔细分析企业的产品以及与它竞争的产品，只有这样才能够发现产品之间的差别，进而看清企业之间的不同，从而找到具有竞争优势的一方。

4.1 竞争优势构筑企业护城河

“护城河”概念是巴菲特的独创概念。1993年，巴菲特在致股东的信中首次提出了“护城河”概念。他在信中这样写道：“最近几年可口可乐和吉列剃须刀在全球的市场份额实际上还在增加。它们的品牌威力、产品特性以及销售实力，赋予了它们一种巨大的竞争优势，在它们的经济堡垒周围形成了一条护城河。”

具有强大护城河的高成长企业具有强大的竞争优势，投资者应当购买给予高估值的股票，而不是在股市里面只买那些市盈率、市净率最低的低价股票。因为股价低、估值低，并不能保证投资者就能够依靠它来赚钱。举一个简单的例子，寻找企业护城河并购买具有高估值的股票就好像在我们的日常生活中，有经济实力的人更多会选择购买宝马、奔驰、奥迪等具有高品质保障的汽车一样。

同时，也正是因为企业具有护城河，才能够保证企业存在的时间更长，竞争优势更大，会创造更多的现金流回报，投资者的收益也会更大。

4.1.1 什么是企业护城河

投资股票“大师”巴菲特对自己最喜欢的公司的定义是：“美丽的城堡，周围是一圈又深又险的护城河，里面住着一位诚实而高贵的首领，最好有个神灵守护着这个城池。护城河就像一个强大的威慑，使得敌人不敢进攻。首领不断地创造财富，但不独占它。”

从他的这段话中能够看出，如果把一家企业形容为城堡，它会受到竞争对手的攻击，所以，一个优秀的企业要不断提高产品的核心竞争力，让竞争对手没有任何可攻击点，而且还要让这种竞争优势一年比一年突出，即不断拓宽企业的护城河。投资者应当根据企业的护城河加宽能力以及是否具有不可攻击性作为判断一家伟大企业的主要标准。

那么所说的护城河究竟是什么呢？简单来说，一家企业的护城河就是这家企业通过合法的方式，建立起来的竞争对手无法拥有的竞争优势。通过这些竞争优势，企业可以在一定时间范围内获取高于竞争对手的经济回报。这些竞争优势能够持续的时间越长、带来的经济回报越高，该企业的护城河越宽。

我们都知道，可口可乐、美国运通、吉列、富国银行等公司的股票，一直是巴菲特长期持有并获得巨额回报的股票。他之所以购买这些公司的股票，是因为这些企业拥有宽阔的护城河。

4.1.2 分析护城河的事前准备

了解一家企业的长期竞争优势的来源，是透彻分析一家企业的关键点。了解企业竞争优势首先需要分析一家企业的护城河，在分析护城河之前首先应当做一些简单的事前准备，如图 4-1 所示。

图 4-1 分析企业护城河前的 4 个准备事项

1. 考察企业的“家底”

就如同相亲时需要考察对方是否有足够的物质基础一样，考察一家企业的“家底”其实就是在调查企业的历史盈利能力。

这就要求我们在投资之前需要仔细读企业历年的财务报告。这主要看企业的经营能力，其主要指标包括毛利率、净利率、净资产收益率、应收款、应付款、周转率等，这些指标最好看 5 年以上的，因为短期的营收和净利增长指标往往没想象的重要。价值投资过程对于企业的分析需要从其历史记录来看，而非注重短期业绩。

一家企业的历史盈利能力是一家公司是否能够建立起企业护城河的试金石，因此，在进行价值投资之前，了解历史盈利能力是必不可少的。

2. 考察企业的收益

除了要查看企业的历史收益以外，还要查看企业收益的来源以及收益的周期等信息，分析企业为何能够保持长期稳定的有效收益。

具体到股市中，投资者可以参考的财务指标有：每股收益，即净利润与总股本的比率；每股收益扣除，即扣除非经常性的、非经营性的损益后的每股收益。如果扣除损益后的每股收益明显小于扣除损益前的每股收益，就说明其净利润里掺杂着过多的非经营性收益，以防因此高估公司的盈利能力。

例如，毛利率在 50% 以上，净利率在 20% 以上，净资产收益率在 15% 以上的企业基本就是竞争和垄断能力比较强的企业。不同行业有差异性，但通过各细分行业内部，同行业不同企业间的有些差异，往往能看出优秀企业的一些闪光点。

3. 考察企业收益质量

只看一家企业的收益稳定性、周期性是不够的，还要考察企业的收益质量。在此以某商店为例，虽然店内的生意很好，但是有很多是赊账的“白条”，而且现金量十分少。这样一来，说明其收益质量并不高。

具体到股票市场中，可参考企业财务指标中每股经营活动现金流量净额，即企业报表中的经营活动现金流量净额与总股本的比率。其中，要求现金量净额与每股收益进行对比，且越高越好，同时不能长期为负。

4. 考察行业竞争结构

分析行业竞争结构也是分析企业护城河过程中不可缺少的一部分。调查企业如何在市场行业中与其他公司竞争，能够有效地找出企业的最大竞争优势。同时，在考察的过程中也能够判断这是否是一个前景可观、有吸引力的行业。

投资前，投资者至少对目标企业所处的行业有一定了解，最好是读一下招股说明书，其内容比年报详尽。当然企业所处行业也在变化，最好再读一下最近 5 年来的公司年报，看一下企业做过什么投资，生产的产品有什么变化等。此外，可以找几篇行业发展观察文章，浏览公司网站，看看投资者沟通交流文章，甚至如果有机会还可以参观一下企业。

考察行业竞争结构的目的就是了解行业，同时要能够预测这个行业的前景：是新兴产业还是成熟产业，是否有政策扶持，是否是存在起伏较大的周期行业等。同时，还应当分析企业在该行业中的地位如何，是否属于龙头企业，是否拥有突出的产品、技术以及政策垄断方面的护城河优势等。对企业的直观感受也是比较重要的。选择比努力重要，投资方向选择错了，就基本无可挽回。

4.2 构筑企业护城河的四大方面

护城河是巴菲特的投资哲学中最核心的理念。以笔者多年的价值投资经验来看，一家优秀企业真正的护城河能够长期为企业创造最大价值，而且能够用最高效的方式和最低的成本创造最大价值。一家企业的护城河是在长期竞争中逐渐形成的，而非一蹴而就的，并且护城河会跟随着企业的发展变得越来越“宽阔”。

想要分析企业护城河首先需要问 3 个“为什么”：为什么竞争者不能夺走它的客户？为什么竞争者不能提供低廉的同类产品或服务？为什么消费者能接受它每年价格的上涨？竞争优势是让企业维持高增长的护城河，没有护城河的企业很有可能在激烈的竞争中很快被淘汰。具体可以从 4 个方面考察企业是否能够构建护城河，如图 4-2 所示。

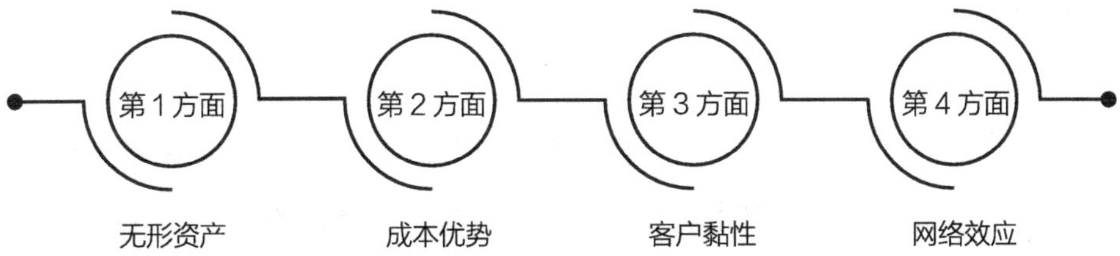

图 4-2　4个方面考察企业能否构建护城河

4.2.1　无形资产

这个世界不变的只有变化，如果一家企业亘古不变，那么这种企业早晚会被替代，不值得投资者进行价值投资。企业的无形资产就好比一条经济护城河，具体到投资中，能够构成护城河的无形资产有品牌、专利、特许经营3项。

1. 品牌缔造竞争优势

企业具有品牌，并不意味着就具有护城河，只有那些能够带来定价权的品牌，才能成为企业的护城河。

如果一家企业仅凭着其品牌就能以更高的价格出售同类产品，那么，这个品牌就非常有可能形成一个强大无比的经济护城河。

在我们日常生活中的消费品里，如苹果公司的iPhone、Mac和iPad等产品，其售价就要高出市场上的同类产品的售价。诚然，其产品的制造成本比同类产品的高，但相比同类产品之间的成本差异，它们的售价差异则更大。这就是品牌的力量，也就是苹果公司的一条经济护城河。

纵观我国3 000多家A股上市公司，真正拥有品牌护城河的企业，其实寥寥可数，品牌所形成的护城河最宽的企业，不得不提到贵州茅台和五粮液。先来说茅台酒，茅台酒的平均价格大概在1 250元左右，同行业中的佼佼者五粮液的平均价格在850元左右，二者相差了将近400元，茅台酒的销量并没有因其高昂的价格而受到影响，反而是在市场上一酒难求。

当然，这并不意味着五粮液没有护城河。在市场上，五粮液也是销售名列前茅的白酒。它也是一家具有护城河的企业，但其护城河要比贵州茅台的护城河窄。

除了贵州茅台和五粮液之外，具有类似品牌护城河的公司，还有格力电器、云南白药等。这些公司的产品售价明显高出竞争对手产品的售价，但较高的价格并不影响消费者的购买需求，这就是竞争对手无法侵入的护城河。

2. 专利打造独特竞争力

我们知道，专利是通过法律的手段给予一家公司独占一项技术的权利。对于拥有核心技术专利的公司，其产品可以以很高的价格出售，拥有极高的毛利，进而获得超额利润。

相对而言，在科技行业中比较常见具有专利性质的企业，例如美国高通公司（全球领先的高科技通信企业，全球最大的移动芯片供应商，CDMA 技术商用化的先驱，世界 500 强）在智能手机到来之后，凭着在通信行业的各种专利获取了高额的利润，无论是苹果还是三星，无论是小米还是华为，每卖出一部手机，其都需要向高通缴纳一笔专利费。

又如在中国市场，根据高通协议，对于面向在中国销售使用的手机终端，高通对 3G 设备收取 5% 的专利费、对不执行 CDMA 或 WCDMA 网络协议的 4G 设备收取 3.5% 的专利费。

投资者可能想不到，高通收取的专利费并不是基于其所提供的芯片的价格，而是基于整机的，即每一种专利费的收取基础是设备销售净价的 65%。这意味着，如果我们在手机上镶嵌了一块宝石，高通也会按照一定比例收取宝石价格的费用。这就是专利给高通公司构建的护城河，有了这条护城河，高通公司甚至可以“躺着挣钱”。

3. 特许阻挡竞争者

帕特·多尔西在《巴菲特的护城河》一书中对特许进行了如下的描述：“能创造持久性竞争优势的最后一种无形资产是法定许可，它让竞争对手很难甚至不可能进入你的市场。”通常，企业在需要通过审批才能从事经营的情况下，能够将这种优势发挥到极致。

享有特许经营的行业为数不多，有公用事业、债券评级等。最为著名的企业便数美国的穆迪公司（成立于 1900 年，由 John Moody 创立，位于美国纽约曼哈顿区，该公司是著名的债券评级机构）。

在美国，债券评级行业是一个需要经过诸多的官方审核之后才能获得经营权的行业，因此，该行业处于寡头市场格局，其“投资者服务”业务的利润率超过 50%。

投资者需要知道的是，特许经营和品牌一样，只有在特许经营的同时具有定价权的企业，才拥有真正的护城河，投资这类企业才能获得更高的经济回报。例如，中国国旅持有中免集团和日上集团的股权，这给中国国旅带来了卓越的经济护城河。

综合来讲，品牌、专利、特许经营企业的无形资产，为企业打造了一条经济护城河，保护了企业的安全和利益，同时，也帮助投资者提高了判断企业的能力。

4.2.2 成本优势

公司可通过降低生产成本来为自己的业务构筑经济护城河，能够以较低的成本提供类似的产品及服务也是一项非常重要的竞争优势来源。成本的优势意义非凡。

可以从 4 个方面判断一家企业是否具有成本优势，如图 4-3 所示。

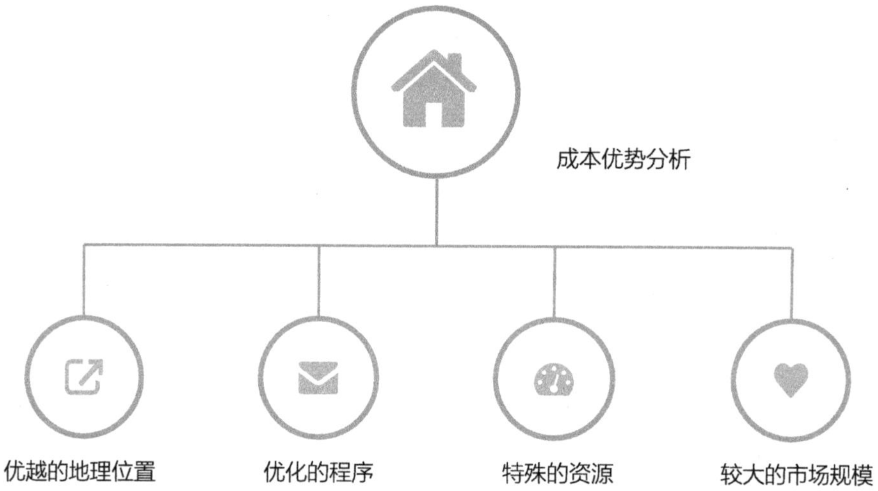

图 4-3　成本优势分析的 4 个方面

（1）是否具有优越的地理位置。具有优越地理位置的企业往往能够使企业更具持久性。例如，产品的消费市场接近生产地，通常有更低的价值重量比。

（2）是否具有优化的程序。投资者需要谨慎看护因程序优化而产生的护城河，因为在竞争对手复制这种低成本流程或是发明新成本流程之后，这种成本优势往往会消失。

（3）是否具有特殊的资源。企业所拥有的资源和采购成本低于其他企业的，如果企业依托独一无二的资源禀赋，如生产原料的独家垄断、地理自然资源的唯一占有等，则会形成有利的成本优势。例如，地底并不深的矿产，茅台镇独特的水质和环境资源等。

（4）是否具有相对较大的市场规模。最关键的不是绝对规模，而是和竞争对手相比的相对规模。从整体上看，固定成本对变动成本的比值越高，规模效益就越大，行业也就越稳固。全国性的物流、汽车生产商、芯片生产商屈指可数，而小的房地产中介、会计事务所、律师事务所多如牛毛。

笔者在之前的博客中也对成本优势进行过简单的分析，在笔者看来，一家优秀的企业的销售成本应当越少越好。只有把销售成本降到最低，才能够保证企业将销售利润升到最高。尽管销售成本就其本身数字而言并不能够告诉我们公司是否具有长期持久的竞争优势，但是，销售成本数据却能够告诉我们公司毛利润的大小。

通过分析企业的利润表就能看出这个企业是否能够创造利润，是否具有持久竞争力。

企业能够盈利仅仅是一方面，还应当分析这个企业所获得利润的方式，是否需要通过大量研发新产品以保持竞争力，是否需要通过财富杠杆以获得利润。因为利润的来源远远比利润本身更具有意义，通过从利润表中所挖掘到的这些信息，能够判断出这个企业的经济增长原动力。

4.2.3 客户黏性

提高客户的黏性也就是建立较高的消费者转换成本，这是构筑企业护城河当中最重要的一个类型。所谓客户黏性，指的是客户对于品牌或产品的忠诚、信任与良性体验等结合起来形成的依赖感和再消费期望值。依赖感越强，客户黏性越高；再消费期望值越高，客户黏性越高。

客户黏性实际上就是锁定产品消费者，如果能够使消费者转换产品的过程变得更加困难，则就能够赚取更多的钱。转换成本属于费用支出，其表现形式可以是时间的代价、付出的金钱或承担的风险，这些都是顾客从某一厂家或供应商转到另一厂家或供应商时可能遭遇的费用支出。也就是说，消费者转换成本不仅是指金钱方面，通常降低消费者对于竞争者产品和服务的兴趣依靠的是时间。

如果学习使用一件新的产品需要消费者投入大量的时间，这就意味着消费者转换到竞争者产品上要蒙受巨大的时间损失，即使竞争者提供更低的价格或更好性能的产品或服务，面临高转换成本，消费者也不一定愿意做出转换的行动，除非这种性能或价格上的改善大到足以弥补其转换成本。

如果转换行为带来较高的失败风险，或者消费者总的转换成本远远高于产品或服务的成本，那么，高转换成本就可以作为公司特别重要的护城河来源发挥作用。

苹果公司就是个典型的例子。苹果公司有自主研发的操作系统 OS 系统和 IOS 系统，并且建立了完善的生态圈，苹果用户可以在苹果应用商店下载各种应用程序、游戏、电影及电视节目。由于苹果的操作系统和其他操作系统不兼容，当苹果用户转用其他厂家的产品时，就会付出较高的转换成本，如学习成本、时间成本、精力成本等。

同时，苹果公司的云端服务（iCloud）又增加了另一层转换成本。苹果用户可以通过云端服务，在所有的苹果设备上传送信息，例如，用户可以将苹果手机内的图片、视频同步传送到苹果笔记本上、苹果手表上，所有的苹果设备之间可以方便快捷的传送信息。同样因为苹果操作系统和安卓系统不兼容，用户的转换成本增加，用户每新增一台苹果设备，例如电脑或苹果手表，转换成本还会进一步提高。

苹果公司也正因此具有非常高的客户黏性，在行业中具有强大的竞争优势。

4.2.4 网络效应

在这个互联网重塑生产、改变交易方式的时代，一家公司能够为消费者提供多大价值成为其护城河的主要来源。

美国著名的全球性研究机构晨星公司的股票团队领导人帕特·多尔西对价值投资有较强的理解与认识，其所著的《股市真规则》一书，被广大价值投资者奉为投资“圣经”。帕特·多尔西曾在《巴菲特的护城河》一书中提出构筑企业的护城河另一关键因素为网络效应。

在《巴菲特的护城河》一书中他写道：“企业也一样可以受益于网络效应，也就是说，随着用户人数的增加，他们的产品或服务的价值也在提高。建立在网络基础上的企业，更容易形成自然垄断和寡头垄断。”

信息产品存在着互联的内在需要，因为人们生产和使用它们的目的就是更好地收集和交流信息。而人类渴望交流信息这一需求的满足程度与网络的规模有着密不可分的关联。如果在互联网中只有少数的用户群体，则这一部分用户群体不仅要承担相当高昂的运营成本，且只能与有限数量的人交流和分享经验。

随着用户数量的增加，这种不利于规模经济的情况将不断得到改善，所有用户都可能从网络规模的扩大中获得更大的价值。此时，网络的价值呈几何级数增长态势。这种情况，即某种产品对一名用户的价值取决于使用该产品的其他用户的数量，在经济学中称为网络外部性，或称网络效应。

网络效应的意义如图 4-4 所示。

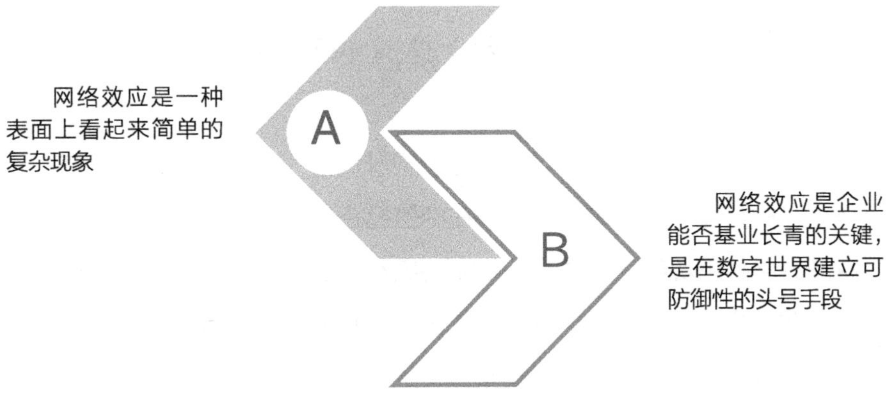

图 4-4　网络效应的意义

放眼我国，也不乏具有网络效应的企业。例如，阿里巴巴旗下的支付宝 APP，就是一个极具有网络效应的产品。使用支付宝的用户越多，其价值越高，同时，也会促使其他人一起使用这些商品，从而导致其用户不断增加。这就是网络效应的魅力，也是支付宝能够吸引上亿用户的秘诀。

与支付宝类似，我国市场中另一家具有代表性网络效应的公司是腾讯。从调查分析中可知，腾讯旗下的 QQ 和微信的网络效应比支付宝的网络效应更强。微信已经成为当前最流行的社交、媒体平台，甚至很多公司的业务和交流都是在微信群里完成的，一个人如果不用微信，可能连基本工作都无法开展。这也导致微信具有强大的企业护城河。

如果说第三方支付市场是寡头市场，微信则是独一无二的垄断商，在其庞大的竞争力面前，其他竞争对手推出的任何产品，都难以对其形成威胁。传统电信运营商之间的产品是互相兼容的，例如中国移动的手机用户可以直接给中国联通的手机号发送短信，但是你能想象微信会允许阿里巴巴的某个产品与其微信直接互联互通吗？

微信本身是一件免费的商品，但它的网络效应实在太过强大，凭借这个无比强大的产品，腾讯可以找到无数的能产生利润的商业模式。

4.3 企业护城河的瓦解

在前文中，已经简单讲解了构筑企业护城河的 4 个方面，即无形资产、成本优势、客户黏性、网络效应。如果在价值投资之前我们所要做的只是寻找拥有护城河的企业并以合理价位进行交易，那么投资也未必过于简单了一些。

在变化无常的市场当中，一家企业的经济护城河也会遭到侵蚀。在此，通过对帕特·多尔西《巴菲特的护城河》一书的理解，能够大致总结出图 4-5 所示的 3 种侵蚀护城河的因素。

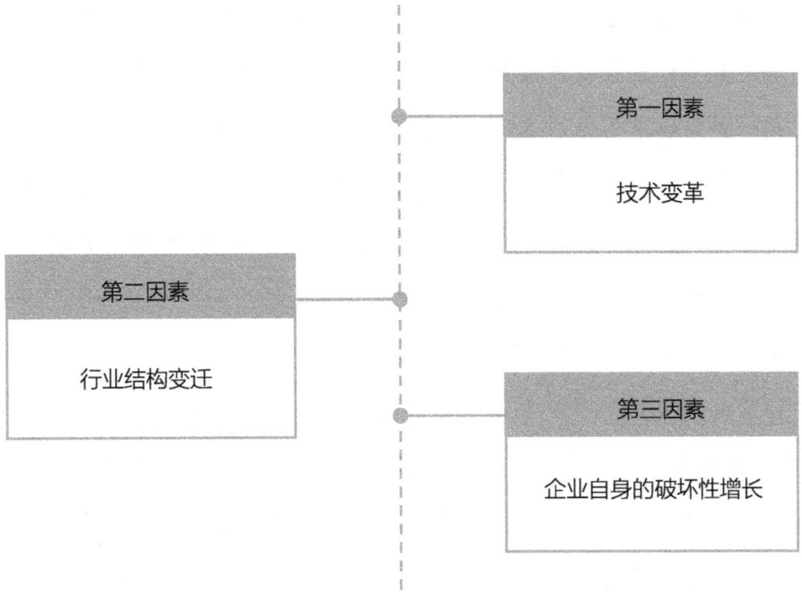

图 4-5　护城河遭受侵蚀的 3 个因素

现实的世界永远都是在变化的，所以护城河同样面临减弱甚至被击破的可能。因此，我们如果能尽早发现企业或行业出现竞争优势衰退的信号，那么就可以在企业或者行业出现衰退之前做好准备，以此减少失败投资带来的损失。

下文将会对这 3 种严重影响企业甚至会导致企业护城河瓦解的因素进行详细的分析。

4.3.1　技术变革

全球每一次经济危机都能产生新技术，而新技术的产生会带来社会和行业的大变革。在前几轮工业革命中，蒸汽机、电气和 IT 行业改变了我们的生存环境和社会发展轨迹，由此可见技术变革是瓦解企业护城河的最强因素。

笔者曾经在 2011 年的一篇博文《互联电视颠覆传统收视模式》中提到，网络电视这种技术方面的变革会对传统电视行业护城河造成强烈的冲击：

互联网技术应用以来，在许多领域改变了人们的生活和消费习惯。中国第三方电子商务平台是最快发展起来的，中国网购较美国网购更易快速替代传统商业模式，因为线下租金成本高、人口密度大、快递成本低等，关键是客户网购消费习惯偏好已经逐步形成，据数据统计显示，2018年中国电子商务整体交易规模约为28.4万亿元，较之2017年增长17.8%。2018年中国移动支付业务605.31亿笔，金额277.39万亿元，同比分别增长61.19%和36.69%。这就是科技创新和社会进步带来经济结构的颠覆。

中国家庭的娱乐中心一直以来都是电视，但现在北京地区电视开机率仅为30%，而电视观看人群的年龄结构也呈现出老龄化趋势，40岁以上的人成为收看电视的主流人群。在文化娱乐业快速发展的今天，这个明显的反比现象恰恰能反映出电视运营方面的落后致使大量的用户流失到其他领域，尤其是PC和TMT的网络视频市场。

同时，笔者曾在2013年《3D打印行业的发展趋势和未来投资机遇》文章当中谈及了3D打印新科技的发展所带来的行业巨变：

中航重机2013年年初两个月时间股价从最低5元多飙升到17元多，涨幅两倍，因为是3D打印概念。

3D打印的概念在20世纪80年代就出现了。1995年，麻省理工学院（Massachusetts Institute of Technology，MIT）创造了“3D打印”这个名词，随后3D打印便开始在实验室萌芽。随后，3D技术开始逐渐被广泛地运用于打印医疗模型、建筑模型等处。

最初工业设计常将此技术用于打印建造模型，现在正向产品制造的方向发展，形成“直接数字化制造”。在一些高价值应用（如髋关节或牙齿，或一些飞机零部件）中也已经有打印而成的零部件出现，可以预见未来3D打印能改变的几大趋势已经慢慢产生。

实际上，由于没有适应技术变革而导致企业落伍的例子比比皆是。例如，在传统胶卷市场如日中天的柯达公司，到了数字技术时代却不得不为生存苦苦挣扎，最终我们可以看到其结局：柯达公司最终申请破产，传统的胶卷行业终被数字技术所替换。尤其是当手机已经普及数字摄影功能之后，胶片技术再也不具备行业竞争优势。同样，与柯达公司类似，一些数码胶片奥林巴斯等都经历了这样的企业护城河瓦解的过程。

除了胶片行业以外，网络社交平台也瓦解了长途电话行业的护城河。越来越多的用户开始使用微信、QQ等聊天软件进行语音通话，这种新型的先进通信模式完全取代了传统的长途电话，更多的用户开始选择这种更为先进的交流方式。这种技术上的革新对于长途电话运营商来讲，无疑是减少了其巨大的现金流来源，因此也造就了新一代的互联网巨头——腾讯。

由此可见，技术变革的优胜者往往是新护城河的创立者，相对的，技术变革中的失败者终将会被市场淘汰。所以，投资者要观察到底是哪一方获得了竞争的胜局。

4.3.2 行业结构变迁

行业结构指行业内部各参与者的特性及议价能力。正如技术变革会破坏企业的护城河一样，行业结构的变迁同样会给企业的竞争优势带来强烈的冲击，甚至会使企业护城河彻底瓦解。因此，在价值投资的过程当中，投资者应当警惕行业结构中的种种变化。

在此以白酒行业的结构变化为例进行说明：

国家统计局的数据显示，2018年1~12月，规模以上白酒企业1 445家，完成酿酒总产量871.20万千升，同比增长3.14%；完成销售收入5 363.83亿元，同比增长12.88%。对于在白酒行业具有利润“蓄水池”之称的预收账款，截至2018年6月底，A股白酒企业预收账款总额约250.06亿元，较上年同期下降19.5%，连续两年增速下滑。

通过以上数据能够看出，我国白酒行业市场规模较大，盈利能力惊人，利润 1 000 亿元规模以上，净利率高达 18%。数据表明，我国白酒市场产量规模已趋于稳定，自 2013 年以来，年产量增幅已下跌至个位数。显然，我国白酒市场空间已趋于饱和，未来行业的变化将在于行业内部结构的变化。

纵观国内外行业结构的变迁，也能够窥探出行业结构变化对于企业竞争优势的影响。例如，沃尔玛等相关大型连锁零售商的出现，导致消费品生产商的运营继续出现的变化，使得一些早期的百货店和五金店一夜之间败落。尽管很多百货商店与杂货店最初也具有巨大的品牌效应，然而被更新换代的历史仍旧在不断重演。

21 世纪，电商时代的来临，如同当年的沃尔玛超市代替小型百货商店一般，颠覆了销售模式。传统零售商又被电商巨头亚马逊、阿里巴巴等取代，近年来不断有零售商因为业绩下滑而倒闭关门。巴菲特自己也承认当年投资沃尔玛之后，目睹以亚马逊为首的电商行业崛起时，因为自己没有及时投资而后悔。

由此可见，行业结构上的更替，会强势摧毁原本坚固的企业护城河。因此，对于行业和社会变迁而带来的企业竞争优势的变化，我们必须保持高度警惕，毕竟“三十年河东、三十年河西”，行业结构的更替会使社会发生巨变。

4.3.3 企业自身的破坏性增长

企业自身破坏性增长战略这一概念是由哈佛大学克莱顿 · 克里斯坦森教授提出的。“破坏性增长战略”的概念，认为小企业可以通过生产低成本、功能简单的产品占领低端市场，在大企业不屑竞争的领域里寻找壮大的机会。

破坏性增长战略是指企业通过引入比现有的市场产品更差、更低端的产品，与市场现存者进行竞争而实现增长的战略。

然而，某些增长可能会侵蚀企业的护城河。实际上，当一家企业在没有护城河的领域寻求增长时，往往是在给自己的竞争优势自掘坟墓。这是一种盲目的多元化发展模式。盲目多元化会损害了自己的竞争优势，导致企业最终失败的例子也是不胜枚举。

总结市场当中实行破坏性增长战略的企业往往难以持久，正是因为破坏性增长战略大致具有图 4-6 所示的 4 种典型特征。

特征一

破坏性增长战略的动力就是破坏性增长企业的生存压力

特征二

破坏性增长总能从低端向更高一些的低端进发

特征三

实行自身破坏性增长战略是企业谋求生存与发展的无奈之举，而非长久之计

特征四

理智的市场先占者都会从低端市场中搬出来，并逐渐被赶到高端市场以坚持维持性增长

图 4-6　破坏性增长战略的 4 种典型特征

可以说，当一家企业过度投资于缺乏竞争优势的业务时，也许就是自己亲手在填平自己辛辛苦苦挖出来的护城河。

但是，为何还有很多企业选择实行自身破坏性增长战略呢？这正是所谓“羊吃狼的动力”。

克莱顿·克里斯坦森教授曾经在《困境与出路》一书中讲了这样一则与“破

坏性增长战略”相关的小故事：

美国的小钢铁厂从利润率最低端的钢筋市场挤入，将一体化的钢铁公司，慢慢地从更高端的市场挤出去。当小钢铁厂的领头羊纽克钢铁公司对钢板市场发起冲击时，它的公司市值令重大的一体化钢铁公司——美国钢铁公司也相形见绌。许多的钢铁公司在冲击中破产。在资源和资金都很雄厚的一体化钢铁公司（“恶狼”）面前，小钢铁厂就如温顺的小羊羔，但是“羊”逐渐挤掉了“狼”的生存空间，将“狼群”吃掉了。

由此可见，破坏性增长战略是指企业通过引入新的替代产品与竞争对手相抗衡的战略。它往往是在现有市场上处于低端、被动局面的弱者所追随的。这些弱者避开了自身资金和技术的短板，经常以较低的成本和灵活的变化来实现破坏，逐步蚕食市场，最终能够“突然”间打败领先者，实现了“羊吃狼”的传奇。这也是为何很多企业在发展过程中创新性实行破坏性增长战略的原因。

企业应该在自己的优势领域里发力，涉足的领域也应该是未来的优势领域，而不要在自己毫无竞争优势的行业里做无谓的牺牲。

4.4 护城河与牛股选择

上文对于企业护城河的概念进行了详解，实际上，分析企业的竞争优势的最终目的还是寻找到一只值得信赖的“牛股”。的确，运用巴菲特的护城河理论能够较为有效地找到市场当中较为稳妥的股票。

笔者曾在 2011 年发表的《护城河与牛股选择》一文中，对这一部分的经验进行了简单的分析。时至今日，这些理论仍旧是有效的。

受到外围股市企稳和国际大宗商品反弹的影响，2011 年 4 月中下旬，沪深两市出现了高开回探后震荡反弹的现象，目前来看，国内股市有些疲态：跟跌不跟涨，所以导致股市仍有可能出现震荡。

2011年4月，股票以中小板、创业板为主的高价股大幅调整，以海普瑞、汉王科技、双汇发展为代表的高价股纷纷创出价格新低，“熊相”毕露。仔细探究高价股下跌的原因，无非是IPO（Initial Public Offering，首次公开募股）询价制度下的报价虚高、基本面远低于预期，抑或是如双汇发展等出现严重问题。说到底，高价股的走“熊”，是因为其内在价值难以匹配高企的股价。

在成熟市场，高价股往往是市场价值的中流砥柱，如近些年的甲骨文、谷歌都呈现出长牛特质，即使在2008年的金融危机中，这些公司的股价跌幅也远小于一些绩差的低价股，成为名副其实的价值标杆。虽然A股市场的百元股，如海普瑞等多数带有一些虚幻以及恶炒的成分，但大牛股，如A股第一高价股贵州茅台等往往也在百元股中诞生。在高价股大幅调整的背景下，部分准百元却显示出跃跃欲试的状态，如杰瑞股份逼近155元的历史新高，其他如大华股份、中瑞思创等准百元股走势也明显独立于走势疲弱的创业板以及中小板指数。

因而，与其说高价股是泡沫，不如说有些投资人缺少一双发现未来百元股的慧眼。

笔者曾经在《大投资家：牛股基因》一书中指出，大牛股在细分领域必须拥有一定的“护城河”。比如，苹果公司的“护城河”是其在3C产品（指计算机、通信、消费类电子产品）消费领域的持续创新能力和品牌植入优势；可口可乐20世纪70年代的股价传奇基于其对大众日常饮料消费观念的改变；腾讯控股在香港地区的走势基于其对即时通信客户源的垄断优势等。不可复制性以及前瞻性是造就牛股的重要因素。相比之下，双汇发展所拥有的猪肉全产业链、海普瑞的肝素钠仅仅是原料药，其独特性和不可复制性并不突出，因而一旦遇到非系统性风险，其股价容易大幅下跌。与低价股的投机和短期题材“炒作”不同，高价股需要的不仅仅是投资价值，更重要的是支撑高股价的精髓，如技术优势、创新优势、垄断规模、行业标准制定者等，并且上述要素是同行业内的其他公司不可复制或难以追赶的。

对此，投资者不妨寻找细分行业的垄断者。例如，贵州茅台的牛股轨迹可以提供一个相对形象的选股标准，即在传统行业中寻找细分行业的“垄断者”。贵州茅台所处的白酒行业从需求上而言甚至可以被归入“夕阳行业”，而贵州茅台作为高端酒市场的“垄断者”，其品牌优势和历史积淀是无可比拟的，而2001 年贵州茅台上市初期高端白酒的市场仍是一片蓝海，中低端酒则是价格等比拼的红海。沿用这个思路，高端保健品、医疗服务等泛消费领域同时受益于人口结构老龄化和收入倍增计划，未来几年的行业增速较为确定。

贵州茅台 2014 年至 2018 年的净利润和每股收益如图 4-7 所示。

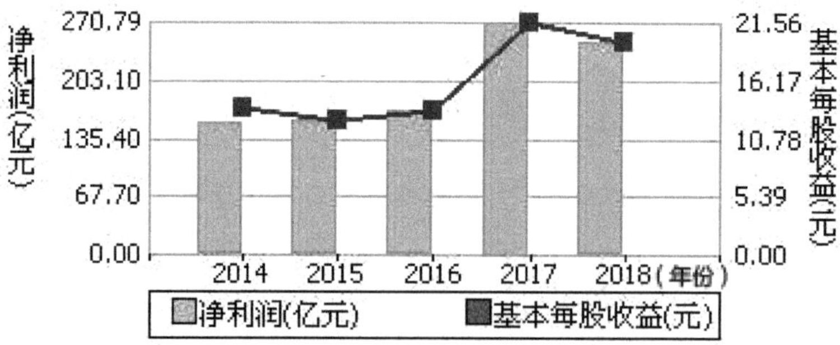

图 4-7　贵州茅台 2014 年至 2018 年的净利润和每股收益

其次，寻找具有前景的新兴产业龙头。苹果、思科的股价轨迹则提供了另一个选股标准：去挖掘那些有超预期成长空间的新兴产业中具有技术优势的龙头，这样的龙头公司可以享受行业规模几何级数倍扩张和毛利率提高的双重红利。

第5章 财务报表分析

事实上，找到一家所有指标都很不错的公司比大海捞针还难，分析任何一家公司都要综合来看。在对企业进行估值之前，投资者应当对企业的财务报表有所了解。财务报表是检验一家企业经营情况的“体检报告”，非常重要。对于报表有疑问的企业，投资者一定要去与企业沟通并且验证。如果企业的经营状况不明，那么显然这样的公司就不适合投资。投资者一定要选择那些真正了解的公司去投资。

5.1 财务报表概述

有不少投资者都问过笔者这样一个问题："看一家企业的财务报表能够预测未来吗？"

很多时候我们希望能够通过企业报表，去判断企业未来的发展情况，或者至少有一个对未来的预测。那么报表是否具有这样的功能呢？或者说对于预测企业的未来，报表到底管不管用，能否提供一点依据？从投资的实践来看，报表确实只能提供一点点依据，想完全依靠报表的阅读来判断企业的未来是不太容易的，但是这并不表示企业财务报表没有意义，正相反，能够看懂一家企业的财务报表是对企业进行估值的重要前提。

价值投资者首先应当通过财务报表中3张报表对整个企业进行初步的了解。可以说资产负债表、利润表、现金流量表3张报表是分析一家公司并且对其进行估值的窗口。下文将会针对这3种重要的报表进行详细的讲解。

不同的报表使用者，由于对财务信息的需求不同，其对财务报表分析的内容也不同。但概括起来，财务报表分析的内容主要包括4个方面，如图5-1所示。

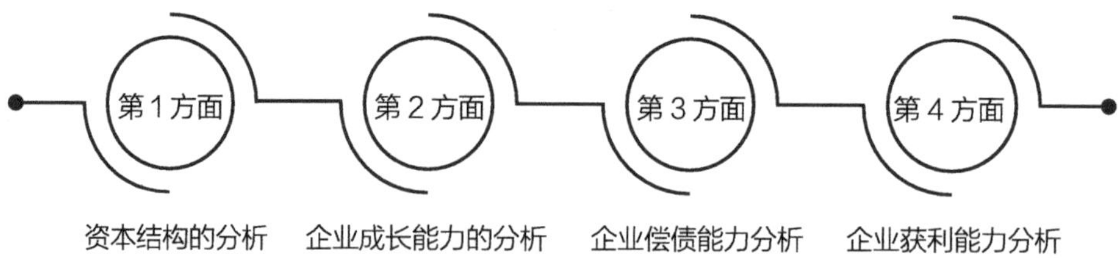

图5-1 企业财务报表分析的4个方面

5.1.1 财务报表分析的目的

想要快速了解一家企业的财务状况，查看其财务报表是最快捷的方式之一。财务报表是检验一家企业经营情况的“体检报告”，对于价值投资来说非常重要。

财务报表是反映企业或预算单位一定时期内的资金、利润状况的会计报表。

财务报表分析又称财务分析，以财务报表和其他资料为依据和起点，采用专门方法系统分析和评价企业的过去和现在的经营成果、财务状况及其变动，其目的是帮助报表使用者了解过去、评价现在和预测将来。

财务分析的最基本功能是将大量的报表数据转换成对特定决策有用的信息，减少决策的不确定性。

财务报表是总括地反映企业在一定时期内的财务状况和经营成果等信息的书面文件，其内容有两方面：展示企业经营成果，包括企业营业收入、成本控制和费用节省情况、利润的多少和投资者获得的红利等；表达企业财务状况的好坏，包括资金供应、偿债能力和企业的发展潜力等。

企业对外发布的财务报表，是根据全体报表使用人的一般要求设计的，而不同的报表使用人进行财务报表分析的目的不完全相同，具体如下。

（1）对于投资人而言，分析财务报表的目的是：决定是否投资，要分析企业的资产和盈利能力；决定是否转让股份，要分析盈利状况，股份变动和发展前景；为考查经营者业绩，要分析资产盈利水平、破产风险和能力；决定股利分配政策，要分析筹资状况。

（2）对于债权人而言，分析财务报表目的是：决定是否给企业贷款，其中分析贷款的报酬和风险能够了解债务人的短期偿债能力；分析其现金流动状况，能够了解债务人的偿债能力；分析企业盈利状况，能够决定是否出让债权、如何评价其价值。

（3）对于从业经理人员而言，分析财务报表能够改善财务决策。

（4）对于政府机构而言，需要通过财务分析了解企业纳税情况，并且监督其遵守政府法规和市场秩序的情况，以及企业职工收入和就业状况。

对于在市场中扮演不同角色的人来说，各行各业对于财务报表的需求是不一样的，但无疑财务报表分析都是十分重要的。总结不同行业的需求，对于分析财务报表的一般目的可以概括为：评价过去的经营业绩，衡量现在财务状况，预测未来的发展趋势。

5.1.2 财务报表资本结构分析

资本结构是指企业各种资本的价值构成及其比例关系，是企业一定时期筹资组合的结果。资本结构的建立及合理与否，直接关系到企业经济实力的充实和经营基础的稳定与否。分析资本结构对企业的经营者、投资者或债权人都具有十分重要的意义。通过企业财务报表应当能够对该企业的资本结构进行基础分析，其分析内容包含：股东权益比率、资产负债率。

（1）股东权益比率就是股东权益与资产总额的比率，其计算公式为：

股东权益比率 =（股东权益总额 ÷ 资产总额）×100%

= 股东权益总额 ÷（负债总额 + 股东权益总额）×100%

该项指标反映所有者提供的资本在总资产中的比重，能反映出企业基本财务结构是否稳定。一般来说，股东权益比率越大越好，因为所有者出资不存在像负债一样到期还本的压力，不至于陷入债务危机。

但也不能一概而论，从股东角度来看，在通货膨胀加剧时期，企业多借债可以把损失和风险转嫁给债权人；在经济繁荣时期，多借债可以获得额外的利润；在经济萎缩时期，较高的股东权益比率可以减少利息负担和财务风险。股东权益比率高，是低风险、低报酬的财务结构；股东权益比率低，是高风险、高报酬的财务结构。

（2）资产负债率是负债总额除以资产总额的百分比，也就是负债总额与资产总额的比例关系。资产负债率反映在总资产中有多大比例是通过借债来筹资的，也可以衡量企业在清算时债权人利益的比例，其计算公式为：

资产负债率 =(负债总额 ÷ 资产总额)×100%

公式中的负债总额不仅包括长期负债，还包括短期负债。这是因为，短期负债作为一个整体，总是被企业长期性占用着，可以视同长期性资本来源的一部分。

例如，一个应付账款明细科目可能是短期性的，但企业总是长期性地保持一个相对稳定的应付账款总额。这部分应付账款可以成为企业长期性资本来源的一部分。本着稳健原则，将短期债务包括在内计算资产负债率的负债总额中是合适的。公式中的资产总额是扣除累计折旧后的净额。

贵州茅台 2018 年的资产负债率如图 5-2 所示，对照上面讲的资产负债率原理，我们可以分析贵州茅台的举债经营比率。

财务指标	2018-12-31	2018-09-30	2018-06-30	2018-03-31
资产负债率(%)	26.6493	27.8568	25.7171	21.7665
流动比率	3.2485	3.0465	3.2262	3.8229
速动比率	2.6946	2.5130	2.5648	3.0696
产权比率	0.3761	0.4004	0.3577	0.2927
营运资本(万元)	9542364.85	8385585.86	7434411.62	8254169.52

图 5-2　贵州茅台 2018 年的资产负债率

这个指标反映债权人所提供的资本占全部资本的比例。这个指标也被称为举债经营比率。它有以下几个方面的含义。

(1)从债权人的立场看，债权人最关心的是贷给企业的款项的安全程度，也就是能否按期收回本金和利息。如果股东提供的资本与企业资本总额相比，只占较小的比例,则企业的风险将主要由债权人负担,这对债权人来讲是不利的。因此，债权人希望资产负债率越低越好，企业偿债有保证，贷款不会有太大的风险。

(2)从股东的角度看，由于企业通过举债筹措的资金与股东提供的资金在经营中发挥同样的作用，所以，股东所关心的是全部资本利润率是否超过借入款项的利率，即借入资本的代价。在企业所得的全部资本利润率超过因借款而支付的利息率时，股东所得到的利润就会加大；如果相反，运用全部资本所得的利润率低于借款利息率，则对股东不利，因为借入资本的多余的利息要用股东所得的利润份额来弥补。因此，从股东的立场看，在全部资本利润率高于借款利息率时，负债比例越大越好；反之则相反。

（3）从经营者的角度看，如果举债很大，超出债权人心理承受程度，则认为是不保险的，企业就借不到钱。如果企业不举债，或负债比例很小，说明企业畏缩不前，对前途信心不足，利用债权人资本进行经营活动的能力很差。借款比率越大（当然不是盲目地借款），越是显得企业活力充沛。从财务管理的角度来看，企业应当审时度势，全面考虑，在利用资产负债率制定借入资本决策时，必须充分估计预期的利润和增加的风险，在二者之间权衡利害得失，做出正确决策。

5.2 资产负债表

一切拥有复杂业务的上市公司每天都会有大量的经营数据在变化。这种数据变化反映在企业财务上就是每日资金的流入和流出。无论一家企业的业务多么复杂，最后都要落到账面上，通过资产财务数据进行反映。

资产负债表可以说是其他所有报表的基础。从某种意义上说，一个公司的资产负债表才是根本。无论是现金流量表还是利润表，都是对资产负债表的深入解释。在格雷厄姆的时代，会计准则并没有要求现金流量表。后来的会计准则进一步发展，现金流量表成为必须。因此，格雷厄姆的《证券分析》一书对资产负债表的论述与分析是最多的。

资产负债表也被称为财务状况表，表示企业在一定日期的财务状况（即资产、负债和业主权益的状况）的主要会计报表。资产负债表利用会计平衡原则，将合乎会计原则的资产、负债、股东权益交易科目分为“资产”和“负债及股东权益”两大区块，在经过分录、转账、分类账、试算、调整等会计程序后，以特定日期的静态企业情况为基准，将其浓缩成一张报表。该表除了能使企业内部纠错、确定经营方向、防止弊端外，也可让所有阅读者于最短的时间内了解企业的经营状况。

资产负债表是一张静态报表，反映的是某一时点的财务状况。以年报为例，通常选择12月31日这一个时点的财务状况编表。资产负债表是所有报表的基础，亦是最重要的一张表。

资产负债表能够反映一个公司的财务健康状况，高增长是所有投资人都梦寐以求的，但如果高增长是建立在高杠杆的基础之上的，那就是非常危险的。

如果让你决定是否投资某家公司，你会考虑哪些因素呢？也许你会考虑这家公司赚不赚钱，也许你会考虑它目前拥有多少资产、有没有负债、有多少负债，这家公司资金是否充裕、存货有多少、变现能力如何、有没有设备、设备还能用几年等问题。那么这些问题如何通过报表一眼看出来呢？我们可以通过资产负债表来回答你关心的这些问题。

5.2.1 资产负债表概述

资产负债表是反映公司某一特定日期（月末、年末）全部资产、负债和所有者权益情况的会计报表。资产负债表有一个基本公式：

资产 = 负债 + 所有者权益

这个会计平衡式是恒等的。左边反映的是公司所拥有的资源；右边反映的是公司的不同权利人对这些资源的要求。债权人可以对公司的全部资源有要求权，公司以全部资产对不同债权人承担偿付责任，偿付完全部的负债之后，余下的才是所有者权益，即公司的资产净额。

从资产负债表的定义就可以看出，资产负债表能够分为资产、负债两个部分。

贵州茅台2015年至2018年的资产负债表如图5-3所示。

指标（万元）	2018-12-31	2017-12-31	2016-12-31	2015-12-31
审计意见	标准无保留意见	标准无保留意见	标准无保留意见	无保留
货币资金	11207479.14	8786886.99	6685496.21	3680074.99
应收账款	—		—	23.08
存货	2350695.08	2205748.14	2062225.18	1801329.70
预付款项	118237.85	79080.73	104610.07	147773.49
其他应收款	—	3132.35	7722.76	4821.90
流动资产	13786183.53	11224918.60	9018054.88	6500451.40
可出售金融资产	2900.00	2900.00	2900.00	2900.00
无形资产	349917.54	345862.22	353174.06	358246.24
固定资产	1524855.66	1524409.66	1445317.74	1141595.32
在建工程	195432.30	201640.50	274558.00	489515.07
商誉	—	—	—	—
非流动资产	2198483.94	2236093.09	2275398.95	2129694.94
资产总额	15984667.47	13461011.69	11293453.83	8630146.34
短期借款	—	—	—	—
应付账款	117829.64	99205.59	104060.82	88097.61
预收账款	1357651.68	1442910.69	1754108.22	826158.21
一年内到期非流动负债	—	—	—	—
流动负债	4243818.68	3857491.94	3702042.54	2005172.30
长期借款	—	—	—	—
非流动负债	—	11557.00	1557.00	1557.00
负债总额	4243818.68	3859048.94	3703599.54	2006729.30

图 5-3　贵州茅台 2015 年至 2018 年的资产负债表

通过资产负债表能够分析一家企业的经营能力以及生命力，可以说，资产负债表是进行企业估值的基础知识之一。

在资产负债表中，资产指的就是公司预期可以增加或者减少的现金流。公司账上的现金是一种资产，可以存在银行，然后获得利息，它是可以增加公司现金流入的；已经提前支付出去的房租费，但是实际的租赁行为还没有完全发生，那么所计提的预付账款，对于公司来说也是一种资产。堆积在厂房里面的存货、生产设备等都是资产。

在分析资产负债表要素时，我们应首先进行资产要素分析，具体如下。

（1）流动资产分析。分析公司的现金、各种存款、短期投资、各种应收应付款项、存货等。流动资产比往年提高，说明公司的支付能力与变现能力增强。

（2）长期投资分析。分析一年期以上的投资，如公司控股、实施多元化经营等。长期投资的增加，表明公司的成长前景看好。

（3）固定资产分析。这是对实物形态资产进行的分析。资产负债表所列的各项固定资产数字，仅表示在持续经营的条件下，各固定资产尚未折旧、折耗的金额。因此，我们应该特别注意，折旧、损耗是否合理将直接影响到资产负债表、利润表和其他各种报表的准确性。很明显，少提折旧就会增加当期利润，而多提折旧则会减少当期利润。

（4）无形资产分析。主要分析商标权、著作权、土地使用权、非专利技术、商誉、专利权等。商誉及其他无确指的无形资产一般不予列账，除非商誉是购入或合并时形成的。取得无形资产后，企业应将其登记入账并在规定期限内摊销完毕。

与此相对，资产负债表中还能够看出该企业的负债情况。负债就是公司欠别人的资金，可以是从银行借入的短期借款、长期借款，也可以是发行债券所融集的资金，以及公司上下游之间的欠款，例如采购的原材料，货已经拿到手了，但是钱还没有支付出去，需要记录应付账款，下游的经销商提前给公司打款，然后才能拿货，需要计提预收账款。

其次，要对负债要素进行分析，包括图 5-4 所示的两个方面。

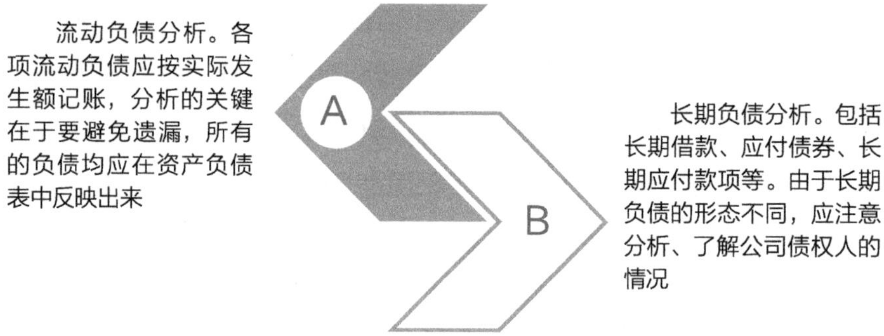

图 5-4　流动负债与长期负债分析

最后是股东权益分析，包括股本、资本公积、盈余公积和未分配利润 4 个方面。分析股东权益，主要是了解股东权益中投入资本的不同形态及股权结构，了解股东权益中各要素的优先清偿顺序等。对资产负债表的分析，要与利润表结合起来进行，主要涉及资本金利润和存货周转率，前者是反映盈利能力的指标，后者是反映营运能力的指标。

贵州茅台 2015 年至 2018 年的股东权益如图 5-5 所示。

指标（万元）	2018-12-31	2017-12-31	2016-12-31	2015-12-31
股本	125619.78	125619.78	125619.78	125619.78
资本公积	137496.44	137496.44	137496.44	137496.44
盈余公积	1344422.12	821559.55	713565.00	621052.45
未分配利润	9598194.40	8001130.75	6271780.80	5487896.45
归属于母公司所有者权益	11283856.43	9145152.28	7289413.78	6392597.84
少数股东权益	**456992.36**	**456810.46**	**300440.51**	**230819.20**
所有者权益	**11740848.79**	**9601962.75**	**7589854.29**	**6623417.04**

图 5-5　贵州茅台 2015 年至 2018 年的股东权益

5.2.2　资产负债表中的各种项目所对应的数字的含义

资产负债表中各种项目所对应的数字都具有意义，分析资产负债表的过程中首先应当明确各项数值所代表的意义，以下给出部分关键名词的解释。

（1）“货币资金”项目，反映企业库存现金、银行结算户存款、外埠存款、银行汇票存款、银行本票存款和在途资金等货币资金的合计数。

（2）“应收票据”项目，反映企业收到的未到期收款也未向银行贴现的应收票据，包括商业承兑汇票和银行承兑汇票。

（3）“应收账款”项目，反映企业因销售产品和提供劳务等而应向购买单位收取的各种款项。

（4）“预付账款”项目，反映企业预付给供应单位的款项。

（5）“应收补贴款”项目，反映企业应收的各种补贴款。

（6）“其他应收款”项目，反映企业对其他单位和个人的应收和暂付的款项。

（7）“存货”项目，反映企业期末在库、在途和在加工中的各项存货，包括原材料、包装物、低值易耗品、自制半成品、产成品、分期收款发出商品等的实际成本。

（8）“其他流动资产”项目，反映企业除以上流动资产项目外的其他流动资产的实际成本。

（9）“固定资产”项目和“累计折旧”项目，反映企业的各种固定资产原价及累计折旧。融资租入的固定资产在产权尚未确定之前，其原价及已提折旧也包括在内。融资租入固定资产原价并应在本表下端补充资料内另行反映。

5.2.3 资产负债表分析

我们利用资产负债表的资料，可以看出公司资产的分布状态、负债和所有者权益的构成情况，据以评价公司的资金营运、财务结构是否正常、合理；分析公司的流动性或变现能力，以及长、短期债务数量及偿债能力，评价公司承担风险的能力；利用该表提供的资料还有助于计算公司的获利能力，评价公司的经营绩效。

1. 分析企业资产结构

资产结构是指各种资产占企业总资产的比重，主要是指固定投资和证券投资及流动资金投放的比例。

一些企业存在流动资金不足的问题，其中一个很重要的原因就是没有处理好固定资产和流动资金投入的比例。从盈利性角度来看，基于流动资产和固定资产盈利能力上的差别，如果企业净营运资金越少，则意味着企业将较大份额的资金运用到盈利能力较高的固定资产上，从而使整体盈利水平上升。从风险性角度看，企业的营运资金越少，意味着流动资产和流动负债的差额越小，则到期无力偿债的风险性也越大。

在实际工作中，如过多的资金被投入到前期的固定资产上，极有可能引出流动资金紧张、无力进货、拖欠职工工资、短期偿债能力下降等恶果。资产结构管理的重点，在于确定一个既能维持企业正常开展经营活动，又能在减少或不增加风险的前提下，给企业带来更多利润的流动资金水平。

企业在进行资产结构决策时，往往关注资产的流动性问题，特别是流动资产占总资产的比重。根据这个比重的大小，我们可以将企业的资产结构分为 3 种类型，如图 5-6 所示。

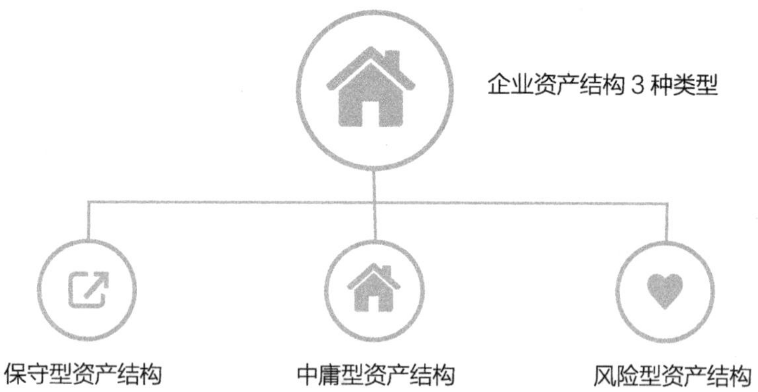

图 5-6　企业资产结构的 3 种类型

（1）保守型资产结构，是指一家企业的流动资产占总资产的比重偏大的资产结构。通常，在这种资产结构下，企业的资产流动性较好，从而降低了企业的风险，但因为收益水平较高的非流动资产比重较小，企业的盈利水平同时也会降低。因此，企业的风险和收益水平都较低。

（2）中庸型资产结构，是指介于保守型和风险型之间的资产结构，拥有这种资产结构的企业往往较为稳定，风险也较为缓和。

（3）风险型资产结构，是指企业流动资产占总资产的比重偏小的资产结构。在这种资产结构下，企业资产流动性和变现能力较弱，从而提高了企业的风险，但因为收益水平较高的非流动资产比重较大，企业的盈利水平同时也会提高。因此，企业的风险和收益水平都较高。

2. 资产类与负债类

正如上文中所提到的那样，分析一家企业的资产负债表就是查看该企业的资产以及负债情况。当拿到一家企业的资产负债表时，在资产方面，投资者应考查货币资金、应收账款、存货、预付账款等情况，从负债方面应当考查应付账款、预收账款等情况。

考查资产负债表中的各个项目的目的如下。

（1）货币资金是指存在于货币形态的资金，包括现金、银行存款和其他货币资金。可以说企业的货币资金运动的起点和终点，同时也是一家企业生产经营的先决条件。实际上，货币资金也可以简单地被理解为公司账上的现金等价物。

通过对一家企业账目上货币资金的分析，投资者能够快速了解该企业账目上有多少等价现金，有利于对企业进行细致估值，并且分析其风险。

（2）对应收账款、存货的分析是资产负债表分析中十分重要的部分，尤其是应收账款和存货占资产的比例，以及增长速度是否异常。

一般来说，如果有大量的应收账款，说明公司采用的是比较激进的销售行为，其生产的商品或者提供的服务已经提前销售出去了，但是公司实际上还没有拿到钱，其中存在坏账的风险，因此要配合查看公司的前五大客户的销售金额，考查业务集中度，以及是否存在对单一大客户过于依赖的行为。因为应收账款可能存在无法回收的问题，也就可能存在计提坏账损失的风险。

存货有跌价的风险，尤其像电子类的产品，更新换代非常快，大量的产品积压在仓库中，可能几个月后价格就会出现大幅下跌，甚至无法出售，所以要特别注意存货大量攀升的现象，尤其是需要配合公司的具体商业模式一起分析，看看存货是否有隐患。

（3）在资产负债表分析当中，应付账款和预收账款的变化趋势能够反映公司在产业链上下游中的强势地位。

预收账款是一个公司产品具备竞争力的体现之一，如果一家公司的产品非常畅销，那么经销商都愿意提前打款备货。A 股中，贵州茅台、格力电器和海天味业的预收账款如图 5-7 所示。

公司名称	2018年 ~ 2015 年预收账款			
	2018 年	2017 年	2016 年	2015 年
贵州茅台	1357651.68	1442910.69	1754108.22	826158.21
格力电器	1352456.08	1414303.82	1002188.55	761959.80
海天味业	323679.30	267869.10	180925.45	111886.52

图 5-7　预收账款对比

预付账款是公司提前支付给上游客户的资金，如果公司在生产经营环节，需要被上游占用资金，表明其在产业链中处于比较弱势的地位，必须先要把钱支付出去，才能拿到原材料。

相对于预付账款来说，欠上游的资金为应付账款，比较理想的商业模式是先把对方的原材料运过来，进行生产加工，然后分批次给对方打款，应付账款可以拖得越久，说明可以占用上游资金的实力越强。

（4）查看企业资产负债表时，应当关注其有息负债的占比，尤其是关注短期借款的变化趋势。

有息负债是需要支付利息的借款，包括短期借款、长期借款和应付债券，如果短期借款占比较大，则表明公司可能会有资金周转上的困难。有息负债占比过大，公司需要支付不少的利息。

5.3 利润表

财务报告中第二张重要的表格就是利润表。利润表能够体现出净利润的来源，而净利润则直接影响资产负债表中股东权益的变化。

5.3.1 利润表概述

利润表是反映企业在一定会计期间经营成果的报表。由于它反映的是某一期间的情况，所以，又被称为动态报表。有时，利润表也称为损益表、收益表。

一般而言，标准的利润表格式如表 5-1 所示。

表 5-1 利润表

会企 02 表
单位：元

项目	本期金额	上期金额	
一、营业收入			
减 营业成本			
税金及附加			
销售费用			
管理费用			
财务费用			
资产减值损失			
加：公允价值变动损益（损失以“-”号填列）			
净敞口套期收益（损失以“-”号填列）			

续表

项目	本期金额	上期金额	
投资收益（损失以“-”号填列）			
其中：对联营企业和合营企业的投资收益			
资产处置收益（损失以“-”号填列）			
其他收益			
二、营业利润（亏损以“-”号填列）			
加：营业外收入			
减：营业外支出			
三、利润总额（亏损总额以“-”号填列）			
减：所得税费用			
四、净利润（净亏损以“-”号填列）			
（一）持续经营净利润（净亏损以“-”号填列）			
（二）终止经营净利润（净亏损以“-”号填列）			
五、其他综合收益的税后净额			
（一）以后不能重分类进损益的其他综合收益			
1. 重新计量设定收益计划净负债或净资产的变动			
2. 权益法下在被投资单位不能重分类进损益的其他综合收益中享有的份额			
……			
（二）以后将重分类进损益的其他综合收益			

续表

项目	本期金额	上期金额	
1. 权益法下在被投资单位以后将重分类进损益的其他综合收益中享有的份额			
2. 其他债券投资公允价值变动损益			
3. 金融资产重分类转入损益的累计利得或损失			
4. 现金流量套期损益的有效部分			
5. 外币财务报表折算差额			
……			
六、综合收益总额			
七、每股收益			
（一）基本每股收益			
（二）稀释每股收益			

利润表分项列示了企业在一定会计期间因销售商品、提供劳务、对外投资等所取得的各种项入以及与各项收入相对应的费用、损失并将收入与费用、损失加以对比并结出当期的净利润。

会计上，这一将收入与相关的费用、损失进行对比并结出净利润的过程被称为配比，其目的是衡量企业在特定时期或特定业务中所取得的成果，以及为取得这些成果所付出的代价，为考核经营效益和效果提供数据。

配比是一项重要的会计原则，在利润表中得到了充分体现。

通常，利润表主要反映以下几方面的内容：

（1）构成主营业务利润的各项要素。从主营业务收入出发，减去为取得主营业务收入而发生的相关费用、税金后得出主营业务利润；

（2）构成营业利润的各项要素。营业利润在主营业务利润的基础上，加其他业务利润，减销售费用、管理费用、财务费用后得出；

（3）构成利润总额（或亏损总额）的各项要素。利润总额（或亏损总额）在营业利润的基础上加（减）投资收益（损失）、补贴收入、营业外收支后得出；

（4）构成净利润（或净亏损）的各项要素。净利润（或净亏损）在利润总额（或亏损总额）的基础上，减去本期计入损益的所得税费用后得出。

在利润表中，企业通常按各项收入、费用以及构成利润的各个项目分类分项列示。也就是说，收入按其重要性进行列示，主要包括主营业务收入、其他业务收入、投资收益、补贴收入、营业外收入；费用按其性质进行列示主要包括主营业务成本、主营业务税金及附加、管理费用、财务费用、营业外支出、所得税费用等；利润按营业利润、利润总额和净利润等利润的构成分类分项列示。

5.3.2　利润表分析

利润表同样可以用一个公式进行表达：

利润 = 收入 - 费用

其实，利润表主要反映一定时期内公司的营业收入减去营业支出之后的净收益。通过利润表，我们一般可以对上市公司的经营业绩、管理的成功程度做出评估，从而评价投资者的投资价值和报酬。

利润表包括两个部分：一部分反映公司的收入及费用，说明公司在一定时期内的利润或亏损数额，据以分析公司的经济效益及盈利能力，评价公司的管理业绩；另一部分反映公司财务成果的来源，说明公司的各种利润来源在利润总额中所占的比例，以及这些来源之间的相互关系。

对利润表进行分析，主要从两个方面入手，如图 5-8 所示。

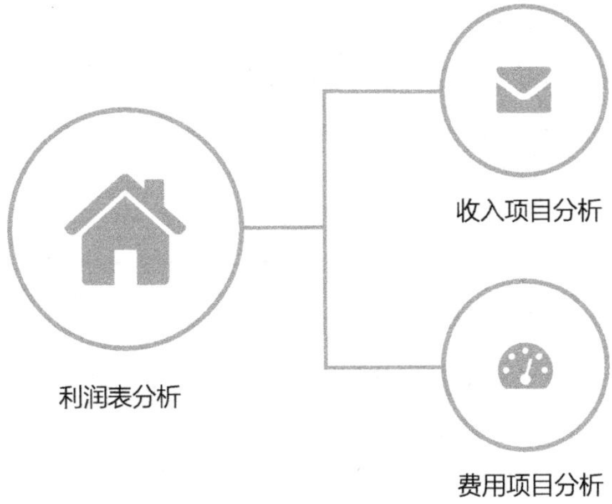

图 5-8 从两个方面对利润表进行分析

（1）收入项目分析。公司通过销售产品、提供劳务取得各项营业收入，也可以将资源提供给他人使用，获取租金与利息等营业外的收入。收入的增加，意味着公司资产的增加或负债的减少。

记入收入账的包括当期收讫的现金收入、应收票据或应收账款，以实际收到的金额或账面价值入账。

（2）费用项目分析。费用是收入的扣除，费用的确认、扣除正确与否直接关系到公司利润的多少。所以分析费用项目时，投资者应首先注意费用包含的内容是否适当，确认费用应贯彻权责发生制原则、历史成本原则及划分收益性支出与资本性支出的原则等。其次，要对成本费用的结构与变动趋势进行分析，分析各项费用占营业收入的百分比，分析费用结构是否合理，对不合理的费用要查明原因。同时对费用的各个项目进行分析，看看各个项目的增减变动趋势，以此判定公司的管理水平和财务状况，预测公司的发展前景。

投资者在对公司的利润表进行分析时，要注意上市公司的财务情况说明书。财务情况说明书主要说明：公司的生产经营状况；利润实现和分配情况；应收账款和存货周转情况；各项财产物资变动情况；税金的缴纳情况；预计下一会计期间对公司财务状况变动有重大影响的事项。财务情况说明书为财务分析提供了公司财务状况的详细资料。

知道了利润表的分析原理，我们就可以试着分析上市公司的利润情况，图 5-9 所示为贵州茅台 2015 年至 2018 年的利润表。通过利润表，我们可以看出贵州茅台成本、收入与利润的对比关系。

指标（万元）	2018-12-31	2017-12-31	2016-12-31	2015-12-31
审计意见	标准无保留意见	标准无保留意见	标准无保留意见	无保留
一、营业总收入	7719938.41	6106275.69	4015508.44	3344685.90
营业收入	7363887.24	5821786.13	3886219.00	3265958.37
二、营业总成本	2586603.06	2212274.93	1588945.92	1129173.64
营业成本	652292.18	594043.64	341010.41	253833.74
销售费用	257207.69	298606.85	168105.20	148496.15
管理费用	532594.08	472054.28	418718.98	381285.21
财务费用	-352.12	-5572.23	-3317.52	-6726.68
投资收益	-	-	-	386.93
三、营业利润	5134298.77	3894000.75	2426562.52	2215899.20
加：营业外收入	1161.95	1220.20	855.39	482.32
减：营业外支出	52700.38	21213.74	31629.81	16210.02
四、利润总额	5082760.34	3874007.21	2395788.10	2200171.50
减：所得税	1299798.57	973364.89	602723.78	554671.83
五、净利润	3782961.78	2900642.32	1793064.31	1645499.66
归属母公司所有者净利润	3520362.53	2707936.03	1671836.27	1550309.03
少数股东损益	262599.25	192706.30	121228.04	95190.63

图 5-9　贵州茅台 2015 年至 2018 年的利润表

如果单独看贵州茅台的利润表，我们不能得出有价值的结论，但是将贵州茅台的净利润和同行业的其他上市公司净利润进行对比分析后，我们可以得出有价值的结论：贵州茅台的净利润在同行业中拔得头筹（数据截至 2018 年 9 月），如图 5-10 所示。

代码	简称	净利润(万元)	排名	每股收益(元)	排名	每股营收(元)	排名
600519	贵州茅台	2473355.27	1	19.6900	1	43.7584	1
000858	五粮液	949441.65	2	2.4700	5	7.5356	9
002304	洋河股份	703875.49	3	4.6700	2	13.9123	4
000568	泸州老窖	275103.54	4	1.8780	8	6.3239	10
600600	青岛啤酒	209974.74	5	1.5540	9	17.4990	2
603156	养元饮品	174083.33	6	2.3408	6	7.6423	8
600809	山西汾酒	126380.02	7	1.4596	10	7.9869	7
000596	古井贡酒	125572.52	8	2.4900	3	13.4275	6
200596	古井贡B	125572.52	9	2.4900	4	13.4275	5
603589	口子窖	114137.29	10	1.9000	7	5.3458	14
603369	今世缘	102895.13	11	0.8202	15	2.5211	23

图5-10 贵州茅台净利润与其他公司的净利润对比

5.4 现金流量表

对于一家企业来说，现金流就像汽车油箱里面的汽油，没有了汽油，车就跑不起来。一家企业没有了现金流，便很难生存下去。

现金流量表是一家公司创造价值的真正试金石。它反映的是一家公司一个会计期间的现金发生额，以及现金的构成部分。它比利润表更可靠、更直观，同时也更能检验一个公司创造现金的能力。

5.4.1 现金流量表概述

现金流量表是财务报表的3个基本报表之一，其所反映的是在一固定期间内一家机构的现金，包含银行存款的增减变动情形。可以说，现金流量表主要是要反映出资产负债表中各个项目对现金流量的影响，并根据相关用途划分为经营、投资及筹资 3 个活动分类。现金流量表可用于分析一家机构在短期内有无足够现金去应付开销。

现金流量表就是把企业的所有业务按照收付实现制做流水账，记录资金收付情况，而资产负债表是按照权责发生制编制的，并不一定是产品真的交付了才算交易成功，即使产品还在自己的仓库但若满足了一些条件，则仍然可以认为该产品的所有权发生了改变，如指示交付等。

想要对一家企业的现金流量表进行分析，首先应当对企业的三大现金流活动进行评价，分别是：经营活动现金流、投资活动现金流、筹资活动现金流，如图 5-11 所示。

图 5-11　现金流评价

（1）来自经营活动的现金流量：反映公司为开展正常业务而引起的现金流入量、流出量和净流量，如商品销售收入、出口退税等增加现金流入量，购买原材料、支付税款和人员工资增加现金流出量等。

（2）来自投资活动的现金流量：反映公司取得和处置证券投资、固定资产与无形资产等活动所引起的现金收支活动及结果，如变卖厂房取得现金收入，购入股票和债券等对外投资引起现金流出等。

（3）来自筹资活动的现金流量：是指公司在筹集资金过程中所引起的现金收支活动及结果，如吸收股本、分配股利、发行债券、取得借款和归还借款等。

知道了现金流分析原理，我们就可以试着去分析上市公司的现金流量。贵州茅台 2015 年至 2018 年的现金流量表如图 5-12 所示。从数据中，我们可以看出贵州茅台的经营活动现金流、投资活动现金流和筹资活动现金流的变化情况。

指标（万元）	2018-12-31	2017-12-31	2016-12-31	2015-12-31
审计意见	标准无保留意见	标准无保留意见	标准无保留意见	无保留
销售商品收现	8426869.57	6442147.93	6101296.41	3708307.18
经营现金流入	8934563.54	6736946.25	6727914.56	4001390.69
经营现金流出	4796040.10	4521642.64	2982789.60	2257756.67
经营现金流净额	4138523.44	2215303.61	3745124.96	1743634.01
投资现金流入	1124.42	2144.71	565.44	10605.00
投资现金流出	164020.69	114209.23	110815.52	215484.03
投资现金流净额	-162896.27	-112064.52	-110250.08	-204879.03
筹资现金流入	-	600.00	1600.00	2200.00
筹资现金流出	1644109.32	890517.79	835051.23	561001.96
筹资现金流净额	-1644109.32	-889917.79	-833451.23	-558801.96
汇率变动对现金的影响	2.90	7.29	7.23	-1627.35
现金及现金等价物净增加额	2331520.75	1213328.59	2801430.89	978325.67
期末现金及现金等价物余额	9824328.83	7492808.08	6279479.48	3478048.59

图 5-12　贵州茅台 2015 年至 2018 年的现金流表

5.4.2　现金流量表分析

上节讲到企业的现金流量是由经营活动产生的现金流量、投资活动产生的现金流量和筹资活动产生的现金流量 3 部分构成。分析现金流量及其结构，可以了解企业现金的来龙去脉和现金收支的构成，以此评价企业经营状况、创造现金的能力、筹资能力和资金实力。

（1）经营活动产生的现金流量分析。在企业经营正常、购销平衡的情况下，将销售商品、提供劳务收到的现金与购进商品、接受劳务付出的现金进行比较是有意义的。若比率大，则说明企业的销售利润大，销售回款良好，创现能力强。

将销售商品、提供劳务收到的现金与经营活动流入的现金总额比较，可大致说明企业产品销售现款占经营活动流入的现金的比重有多大。若比重大，则说明企业主营业务突出，营销状况良好。将本期经营活动现金净流量与上期比较，增长率越高，说明企业成长性越好。

通过图 5-13 所示的现金流量表（部分），我们可以看到 2018 年贵州茅台的经营现金流净额超过 413.85 亿元，创历史最高水平，同比增长了 86.8%，主要是因为销售回款量多、现金流出较少。

指标（万元）	2018-12-31	2017-12-31	2016-12-31	2015-12-31
审计意见	标准无保留意见	标准无保留意见	标准无保留意见	无保留
销售商品收现	8426869.57	6442147.93	6101296.41	3708307.18
经营现金流入	8934563.54	6736946.25	6727914.56	4001390.69
经营现金流出	4796040.10	4521642.64	2982789.60	2257756.67
经营现金流净额	4138523.44	2215303.61	3745124.96	1743634.01

图 5-13　贵州茅台的现金流量表（部分）

（2）投资活动产生的现金流量分析。当企业扩大规模或开发新的利润增长点时，需要大量的现金投入。若投资活动产生的现金流入量补偿不了流出量，就会使投资活动现金净流量为负数，但如果企业投资有效，将会在未来产生可用于偿还债务的现金净流入，创造收益。因此，对投资活动现金流量的分析，应结合企业的投资项目进行，不能简单地以现金净流入或净流出来论优劣。

（3）筹资活动产生的现金流量分析。一般来说，筹资活动产生的现金净流量越大，企业面临的偿债压力也越大，但如果现金净流入量主要来自于企业吸收的权益性资本，则企业不仅不会面临偿债压力，资金实力反而还会增强。因此，在分析时，可将吸收权益性资本收到的现金与筹资活动现金总流入进行比较，其所占比重越大，说明企业资金实力越强，财务风险越低。

（4）现金流量构成分析。首先，分别计算经营活动现金流入、投资活动现金流入和筹资活动现金流入占现金总流入的比重，以了解现金的主要来源。一般来说，经营活动现金流入占现金总流入比重大的企业的经营状况较好，财务风险较低，现金流入结构较为合理。

其次，分别计算经营活动现金支出、投资活动现金支出和筹资活动现金支出占现金总流出的比重，它能具体反映企业的现金用于哪些方面。一般来说，经营活动现金支出比重大的企业,其生产经营状况正常,现金支出结构较为合理。

同时，对现金流量表主要从以下3个方面进行分析。

（1）现金净流量与短期偿债能力的变化。如果本期现金净流量增加，表明公司短期偿债能力增强，财务状况得到改善；反之，则表明公司财务状况比较困难。当然，并不是现金净流量越大越好，如果公司的现金净流量过大，表明公司未能有效利用这部分资金，这其实是一种资源浪费。

（2）现金流入量的结构与公司的长期稳定。经营活动是公司的主营业务，这种活动提供的现金流量，可以不断用于投资，再生出新的现金来。来自主营业务的现金流量越多，表明公司发展的稳定性也就越强。公司的投资活动是为闲置资金寻找投资场所，筹资活动则是为经营活动筹集资金，这两种活动所发生的现金流量，都是辅助性的，都是服务于主营业务的。这一部分的现金流量过大，表明公司财务缺乏稳定性。

（3）投资活动与筹资活动产生的现金流量与公司的未来发展。股民在分析投资活动时，一定要注意分析是对内投资还是对外投资。对内投资的现金流出量增加，意味着固定资产、无形资产等的增加，说明公司正在扩张，这样的公司成长性较好；如果对内投资的现金流量大幅增加，意味着公司正常的经营活动没有能够充分吸纳现有的资金，资金的利用效率有待提高；对外筹资的现金流入量大幅增加，意味着公司现有的资金不能满足经营需要，从外部引入了资金；如果对外投资的现金流出量大幅增加，说明公司正在通过非主营业务活动来获取利润。

5.4.3 认清现金流量表造假

如果一家企业净利润增长迅速，那么按照理想的情况，经营活动产生的现金流量应该也是增加的，利润带来了现金流入。这是很基本的一个常识，但是有时候这些增长就是不匹配的，甚至还会出现经营活动现金流量负增长的情况。这个时候就要保持一定的警惕。有可能企业的业绩来自于投资活动，回收的都是不可持续的一次性投资收益，或者更加普遍地表现为有很多的应收款项。

正常与异常情况下的现金流量的表现如图 5-14 所示。

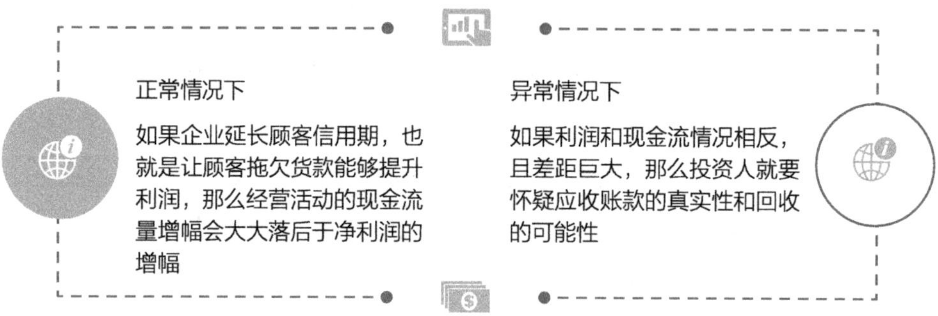

图 5-14 正常与异常情况下的现金流量的表现

为了规避这种现金流量和净利润的偏差导致的投资者恐慌，有上市公司进行了现金流量表的造假操作，有以下几种常见的造假方法。

（1）把筹资活动现金流入当作经营活动现金流入。把借来的钱假冒成营业收入，这看上去有点异想天开，但是在利益面前有人就是会铤而走险。

（2）把经营活动现金流出当作投资活动现金流出。如果企业假装用一笔资金买到了一台机器作为固定资产，或者用一笔买原材料的资金冒充是用于投资公司股权的，并且和关联方勾结起来，那么投资人就会看到现金流量表中经营活动现金流出减少。

（3）虚假的经营活动现金流入。有些公司会夸大新业务或者新子公司将带来的经营现金增加额，因此，我们很多时候对于上市公司高管的乐观情绪需要谨慎对待。

以上3个方面，都是常见的现金流量表造假形式。投资者在进行分析的过程中，一定要注意“避雷”。

对于现金流量的造假，需要的是上下游企业的勾结，或者关联方的勾结。若不是非常严重的“一股独大”的问题，小投资人通过实地的走访以及旁敲侧击的了解，还是可以看出端倪的。

正如笔者曾经说过的那样：“不要你找到了一个锤子，就到处找钉子，现金流量表也要与其他的财务分析工具一起使用，不可以通过单一指标得出企业价值。”

5.5 财务报表的分析技巧

以笔者个人的多年价值投资经验来看，财务报表绝不能只看一个报告期的。投资者在进行财务报表分析时，一定要结合多期来进行对比。也只有这样，才能够更加明确地知道一家企业是在走上坡路还是在走下坡路。同时，通过分析财务报表还能够判断一家企业成功或失败的原因，预估其未来的走势，决定自己是否应当进行买入、卖出操作。

每到上市公司公布报表的时候，都是投资者最忙的时候，我们要把自己关注的公司报表都看一遍，找到自己需要关注的信息。看年度财务报表时，我们需要掌握一些技巧，来让我们看得效率更高。

笔者非常看重图5-15所示的两点。

图 5-15　看财务报表的技巧

（1）关注数据巨大的项目。对于一个公司来说，总会有那么几个数据，如营业收入、成本等都是重要的数据。这些数据对公司的影响也会相当大。营业外收入等数据对公司总体收入的影响相对较小，因此，你就没有必要过分去纠结它的变化，即使这个数据从几百上升到了几万，或者说上涨幅度有几十倍甚至上百倍，但其绝对值对整个公司的影响往往较小。

（2）关注相对变化幅度有异常的数据。当然这个异常是相对的，是与销售收入变化幅度进行比较的，例如销售收入增长了 15%，那么费用与成本相应增长的幅度也应接近于 15%，如果有哪个数据的变化幅度明显偏离了 15%，那么必须要去追究其原因，如果没有可以令人信服的解释，那么你就要想想，是不是企业本身发生了什么变化？你是否需要采取行动了？

如图 5-16 所示，笔者把贵州茅台 2018 年年报资产负债表、利润表、现金流量表表中金额大于 5 000 万元的重要指标的同比异动列了出来。我们需要深入调查、分析导致这些数据发生如此大偏离的原因。

异动指标（单位：万元）	2018-12-31	2017-12-31	变动幅度
应收票据	56373.97	122170.60	-53.86%
财务费用	-352.12	-5572.23	93.68%
营业外支出	52700.38	21213.74	148.43%
筹资活动现金流出小计	1644109.32	890517.79	84.62%
现金及现金等价物净增加额	2331520.75	1213328.59	92.16%

图 5-16　贵州茅台 2018 年年报同比异动

掌握了以上两点，看财报时，你的工作量就会减少很多，也能够很快地指出问题所在。对于一些不太重要的项目，你完全可以忽略，没有必要每个项目都看到，只要抓重点项目就可以了。

第6章 企业估值——价值投资基础

估值就像是一杆秤，能够评定所购买的股票是否“足斤足两”。基本上所有的投资，都离不开对估值的研究，所有的经典价值投资著作也都是基于估值层面展开研究的。投资者如果不懂得估值，就不会清楚自己持有股票的价值，也就无法评估买入的时点是否合适，也就无法清醒地认识股价的上涨与下跌。

6.1 估值的基础知识

估值是看懂一家企业后的结果，也是理解公司产品以及服务的结果。世界上不存在一成不变的估值公式，也并不能够一劳永逸解决所有的估值问题，即使未来企业现金流折现这一方法也并不能保证绝对可靠。因此，在估值中，最重要的还是要看懂企业，只有看懂一家企业，对其进行估值才会更加容易一些。

6.1.1 估值的定性分析

所有的投资策略都建立在对企业的正确估值上，但估值并不能够保证有限的一段时期内一家企业股价的涨跌 。对于不同类型的企业，估值也不能一劳永逸地解决所有的买卖问题。合理的估值指的是在一定时期内由市场无风险利率加上风险溢价等于投资者所认为的预期收益率。对于估值的定性分析，在笔者看来一定要做好以下两点：估值要在自己能力范围内进行；要分析企业所在行业的前景。

首先，投资者不可能熟知每一个行业、每一家公司，因此应当限制投资企业的范围，只找自己最熟悉的行业和公司去分析判断。

其次，在价值投资的过程中，要善于缩减寻找企业的范围，只找行业龙头企业、优秀企业。这样就可以先过滤掉 90% 的企业，只对剩下 10% 的企业进行优中选优，从而大大降低估值的难度。即便如此，随着慢慢地积累，未来也会有越来越多的可供选择的标的。

同时，估值过程一定要结合行业发展前景、行业的竞争格局、企业的综合竞争优势、企业的管理水准等方面共同分析，并对企业的成长性和竞争优势做出评估，得出结论。

目前，人们往往以净收益增长率为核心来分析企业的发展能力，其优点在于各分析因素与净收益存在直接联系，有较强的理论依据；缺点在于以净收益增长率来代替企业的发展能力存在一定的局限性。

综合而言，估值是对商业洞察力的一种考量，是投资水平高低的分水岭。行业的前景、企业的成长性对企业估值和折现率的选择影响巨大，也是投资利润的重要来源。

6.1.2 绝对估值法

绝对估值法的理论基础是公司价值等于公司未来的现金流量贴现值。这种折现思想来源于资本资产定价理论（Capital Asset Pricing Model，CAMP）。绝对估值的 3 种主要的方法包括现金流折现法、期权定价估值、股利贴现模型，如图 6-1 所示。

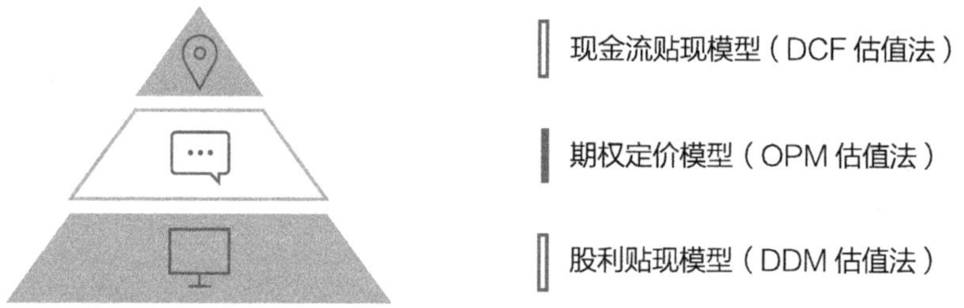

图 6-1　绝对估值的 3 种模型估值法

1. 现金流贴现模型（DCF 估值法）

公司自由现金流的概念是美国学者拉巴波特提出的，其基本定义为公司产生的、在满足了再投资需求之后剩余的、不影响公司持续发展前提下的、可供公司资本供应者（即各种利益要求人，包括股东、债权人）分配的现金。现金流贴现模型法（DCF 估值法）是通过预测未来的现金流量来进行估值的，适用于那些股利不稳定，但现金流增长相对稳定的公司以及那些现金流能较好反映自身盈利能力的公司。

目前，被最广泛使用的DCF估值法提供了严谨的分析框架，系统地考虑了影响公司价值的每一个因素，最终可以评估出一个公司的投资价值。DCF估值法与DDM估值法的本质区别是，DCF估值法用自由现金流替代股利。

DCF估值法属于绝对估值法，是将一项资产在未来所能产生的自由现金流（通常要预测15至30年）根据合理的折现率折现，得到该项资产目前的价值的方法。如果该折现后的价值高于资产当前价格，则判断有利可图，可以买入；如果低于当前价格，则说明当前价格高估，需回避或卖出。

DCF估值法是理论上无可挑剔的估值模型，尤其适用于那些现金流可预测度较高的行业，如公用事业、电信等行业，但对于现金流波动频繁、不稳定的行业，如科技行业，DCF估值法的准确性和可信度就会降低。在现实应用中，由于对未来十几年现金流做准确预测难度极大，DCF估值法较少单独作为唯一的估值方法来给股票定价，更为简单的相对估值法（如市盈率）的使用频率更高。通常DCF估值法被视为最保守的估值方法，其估值结果会被作为目标价的底线。对于投资者而言，不论最终以哪个估值标准来给股票定价，做一套DCF模型都会有助于其对所投资公司的长期发展形成一个量化的把握。

2. 期权定价模型（OPM估值法）

期权是购买方支付一定的期权费后所获得的在将来允许的时间买或卖一定数量的基础商品的选择权。期权价格是期权合约中唯一随市场供求变化而改变的变量。它的高低直接影响买卖双方的盈亏状况，是期权交易双方关心的核心内容。

期权定价模型（OPM估值法）由布莱克与斯科尔斯在20世纪70年代提出。该模型认为，只有股价的当前值与未来的预测有关；变量过去的历史与演变方式与未来的预测不相关。该模型表明，期权价格的决定因素非常复杂，合约期限、股票现价、无风险资产的利率水平以及交割价格等都会影响期权价格。

3. 股利贴现模型（DDM估值法）

在绝对估值法中，股利贴现模型即DDM估值法，为最基础的模型。目前最主流的 DCF 估值法也大量借鉴了 DDM 估值法的一些逻辑和计算方法。理论上，当公司自由现金流全部用于股息支付时，DCF 模型与 DDM 模型并无本质区别。

但事实上，无论在分红率较低的国家或地区还是在分红率较高的国家或地区，股息都不可能等同于公司的自由现金流，原因包含以下 4 个方面：

（1）运用 DDM 估值法要求企业具有稳定性，然而公司不确定未来是否有能力支付高股息；

（2）公司预计未来存在可能的资本支出，保留现金以消除融资的不便与高成本，保证未来投资的需要；

（3）由于国家税收因素，国外实行较高累进制的资本利得税或个人所得税；

（4）市场普遍存在“公司股息上升，前景可看高一线；股息下降，表明公司前景看淡”的看法，这种信号特征导致股息不能等同于公司自由现金流。

通过 DDM 估值法的解析能够看出，这种估值的模式基本不适用于中国市场。因为中国上市公司分红比例不高，分红的比例与数量不具有稳定性，短期内该局面也难以得到改善。

6.1.3 相对估值法

其实，股票的估值方式有很多种，其中就包含绝对估值与相对估值两种。对于绝对估值的方式在前文中也有过简单的讲解，但究其本源，绝对估值的方式对于普通的投资者来说操作较为复杂。相比较而言，相对估值的方式对于普通投资者来说操作难度低，并且更加容易在实战操作中应用。

相对估值当中同样也包含了多种多样的估值方式，其中包含使用市盈率、市净率、市销率、市现率等多项价格指标与其他多只股票进行对比。其中，最为投资者熟知的相对估值法就是 PEG（市盈增长比率）估值法。

PEG估值法是在P/E估值法的基础上发展起来的相对估值方法，是将市盈率与企业成长率结合起来的一个指标。它弥补了P/E估值法对企业动态成长性估计的不足。鉴于很多公司的投资收益、营业外收益存在不稳定性，以及一些公司利用投资收益操纵净利润指标的现实情况，出于稳健性的考虑，净利润的增长率可以以税前利润的成长率、营业利润的成长率、营收的成长率、每股收益年增长率替代。

PEG估值法的重点在于计算股票现价的安全性和预测公司未来盈利的确定性。如果PEG值大于1，则说明这只股票的价值有可能被高估，或市场认为这家公司的业绩成长性会高于市场的预期；如果PEG值小于1，则说明此股票价值被低估。

一般情况下，成长型公司的股票的PEG都会高于1，有时甚至在2以上，投资者愿意给予其高估值，表明这家公司未来很有可能会保持业绩的快速增长。这样的公司的股票就容易有超出想象的市盈率估值。

利用PEG估值法进行估值并不适合短期投资者，因为PEG估值需要对未来至少3年的业绩增长情况做出判断，而不能只用未来12个月的盈利进行预测，也正因如此大大提高了估值的难度。但在事实上，只有当投资者有把握对未来3年以上的业绩表现做出比较准确的预测时，PEG估值法的使用效果才会体现出来，否则会起误导作用。

此外，投资者不能仅根据公司自身的PEG值来确认它是被高估或是被低估，如果某公司股票的PEG值为12，而其他成长性类似的同行业公司股票的PEG值都在15以上，则该公司的PEG值虽然已经高于1，但其股票价值仍可能被低估。当然，也不能够机械地单以PEG论估值，还必须结合国际市场、宏观经济、国家的产业政策、行业景气、资本市场阶段热点、股市的不同区域、上市公司盈利增长的持续性以及上市公司的其他内部情况等多种因素来综合评价。

如果低于对比系的相应的指标值的平均值，股票价值被低估，股价将很有希望上涨，使得指标回归对比系的平均值。下文将会对相对估值所包含的几种方式进行讲解。

6.1.4 估值的认知辨析

从本质上来讲，企业价值等于企业在全生命周期内全部自由现金流的折现值，但针对不同的行业、企业，要综合考虑行业发展前景、行业的竞争格局企业的成长性、公司的管理水准。这是最考验功力的部分，也是对商业洞察力的综合考量，我们暂且称之为“前景分析”。那么在对企业进行估值的过程中，有不少投资者会陷入这样或那样的误区当中，错误地认为仅凭估值就能够完全帮助自己挑选出一只优质的股票，并且在短期之内获得巨额的收益。那么此时，投资者就需要提前明确估值所能够带给自己的结果，明确进行企业估值的目的，同时还要对企业估值提前具有明确的辨析，如图 6-2 所示。

图 6-2 有关企业估值的 3 点辨析

（1）估值没有绝对的标准。每个人的风险偏好是不同的，所以每个人对风险溢价的要求是不同的，同时市场对不同行业的风险溢价的要求也是不同的，而市场合理估值的目的是找出整个市场估值的中间线。这对大多数投资者而言是比较困难的。而市场的利润恰恰来自估值的不确定性。

（2）估值不会带来直接利润。投资利润的实现是企业经营或市场资金博弈带来的，也就是说投资的利润是企业分红或市场差价带来的，仅此而已。我们常说，投资的利润是企业成长带来的利润，这是间接的过程，因为企业成长也必须通过高分红、高派息和市场资金追捧出盈利差价来实现。

（3）估值有助于找到安全边际。估值是为了安全，只有始终坚持“低估时要关注、高估时要警惕”的原则，才能符合“大家恐慌要贪婪，大家贪婪要恐慌”的市场哲学。也就是说，如果低估值企业被“错杀”，你不会和别人一样恐慌；如果一个股票被严重高估，你就会警惕不追涨，从而保证资产安全。

6.2 市盈率

巴菲特的自传中有这样一段话：“要想成功地投资，你不需要贝塔系数、现代投资组合理论、期权定价，实际上最好对此一无所知。当然，这种看法与大多数商学院的主流观念有着根本不同。我们认为投资专业的学生只需要学习两门得当的课程——如何评估一家公司，以及如何考虑市场价格。”市盈率是相对估值法中的重要指标，下文将介绍市盈率估值的相关内容。

6.2.1 市盈率的基础知识

市盈率也称P/E、股价收益比率或市价盈利比率，是最常用来评估股价水平是否合理的指标之一，由股价除以年度每股收益（EPS）得出。市盈率公式有两个，分别是：

市盈率＝股价 ÷ 每股收益

市盈率＝总市值 ÷ 净利润

计算时，股价通常取最新收盘价，而在每股收益方面，若按已公布的上年度每股收益计算，称为历史市盈率；若按市场对今年及明年每股收益的预估值计算，则称为未来市盈率或预估市盈率。计算预估市盈率所用的每股收益预估值，一般采用市场平均预估，即追踪公司业绩的机构，收集多位分析师的预测所得到的预估平均值或中值。

企业的股本基本是持续扩大的，那么它就会稀释每股收益和股价。为了能够在同一标尺上分析企业的市盈率，人们通常使用第二个公式计算市盈率。由于第二个公式不需要考虑除权因素，该公式也是在应用市盈率估值过程中最常用的一种计算方式。

市盈率的优点就在于能简单明了地告诉投资者在假定公司利润不变的情况下，以交易价格买入股票后，靠利润回报需要多少年的时间回本。它也代表了市场对股票的悲观或者乐观程度。但在具体使用中仍有很多问题需要考虑。

在实际应用市盈率的过程当中，应当注意 3 个要点，如图 6-3 所示。

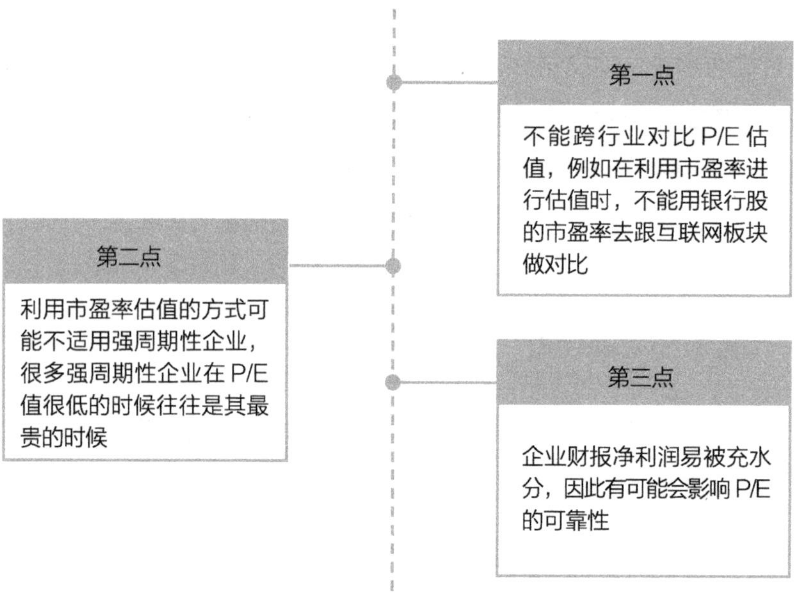

图 6-3 应用市盈率时的 3 个要点

6.2.2 市盈率的分类

估值中常用的市盈率指数通常分为静态市盈率与动态市盈率。

静态市盈率是现价除以已知的最近公开的每股盈利后的比值；动态市盈率则是现价和未来每股盈利的预测值的比值。人们在对资产定价的时候，关注的重点是动态市盈率。显然，动态市盈率水平涉及股息增长比率。

市场广泛谈及的市盈率通常指的是静态市盈率。这给投资者的决策带来了许多盲点和误区。毕竟一家企业过去的数据并不能充分说明其未来的发展，而作为投资者，我们在投资股票的过程中更多的是需要展望未来。

动态市盈率理论告诉我们一个简单而又深刻的道理，即投资股市一定要选择有持续成长性的公司。因此，不难理解资产重组为什么会成为市场永恒的主题，以及有些业绩不好的公司在实质性的重组题材支撑下成为市场黑马。

笔者把截至2019年3月22日的白酒股的市盈率列了出来，如图6-4所示。通过市盈率排名，我们可以简单地预估白酒行业内的上市公司的成长性。

代码	简称	总市值(亿元)	排名	市盈率	排名
600519	贵州茅台	9974.21	1	31.34	18
000858	五粮液	3340.12	2	27.37	14
002304	洋河股份	1792.11	3	22.17	7
000568	泸州老窖	893.94	4	26.99	12
600600	青岛啤酒	542.96	5	36.36	20
000596	古井贡酒	500.33	6	31.13	17
600809	山西汾酒	499.51	7	35.62	19
603156	养元饮品	378.52	8	15.25	3
603369	今世缘	338.34	9	29.45	15
000860	顺鑫农业	325.01	10	43.67	28
603589	口子窖	315.00	11	23.26	10
-	行业均值	506.89	-	29.78	-

图6-4 白酒股的市盈率排名

当然，分析静态市盈率、动态市盈率时需要做到具体企业具体分析。

一家企业，如果投资收益等非经营性收益带来较好的每股盈利，会使其当年的静态市盈率显得相当有诱惑力；如果当年因动用流动资金投资股票获得了高收益，或者是当年部分资产变现获取了不菲的转让收益等，那么对于一些本身规模不是特别大的公司而言，这些都完全有可能大幅提升其业绩水平，但这样更多的是由非经营性收益带来的突破增长，需要辩证地去看待。

非经营性的收益带给公司高的收益，短期而言，对公司无疑有振奋、刺激的作用，但这样的收益具有偶然性、不可持续性。因此，非经营性收益是可遇而不可求的。

6.2.3 市盈率指标的经济意义

动态市盈率的高低与几个重要因素有很大的关系，具体如下。

（1）市盈率在运用中需要考虑成长性。在盈利增长率为正数的情况下，动态市盈率就比静态市盈率低。显然，具有较高成长性的企业，其资产或股票对于投资者来讲就具有更高的吸引力，其价格也倾向于上升。

（2）市盈率与利率存在密切的比较关系。市盈率的倒数可以理解为投资收益率：每股盈利 ÷ 每股价格。例如，某公司股票的市盈率 10 倍，代表该公司的投资收益率为 10%。从投资者的角度来说，投资收益率当然与市场利率水平有很大的关系。在市场利率较高的情况下，投资者要求的投资收益率也较高，因此，投资者接受较低的市盈率水平，反之亦然。

很多人都很奇怪，为什么日本的股市平均市盈率长期都维持在数十倍的水平，即使在 1989 年日本经济泡沫爆破以后、日经指数大幅下跌的情况下，日本上市公司的盈利也大幅下跌，日本的市盈率水平仍然长期维持在约 50 倍的水平。

有学者经过数年研究发现，日本国内的市场利率水平长期偏低，与日本股市市盈率长期居高不下的现象之间存在重要的相关性。近 20 年来，日本推行长期接近零利率的低息政策。设想一个上市公司的股票市盈率为 50 倍，即每股盈利为股票现价的2%。如果该公司每年都把一半的盈利用于分红，投资者可获得利息收益率1%。显然，相对于把钱存进银行，购买50倍市盈率的股票还是更有吸引力。

（3）市盈率与派息率之间存在重要的关系。金融学的一个重要财务概念是可持续增长率。简化的可持续增长率等于股本收益率与留存利润率的乘积。显然，可持续增长率与留存利润率之间成正比关系，留存利润率越高，可持续增长率就越高，反之亦然。

成长性较高的公司通常对于资金的需求也较大，倾向于不派股息或者派较少的股息；成长性较低的公司通常缺少好项目，其留存的现金没有更好的投资渠道，倾向于分配给投资者，以降低公司的资本规模。因此，我们会经常发现一个对于外行人来说似乎奇怪的现象：股息收益率较低的公司股票，其市盈率反而比那些股息收益率高的股票的市盈率更高。

（4）资产流动性与市盈率存在密切关系。流动性在金融学里是一个含有多重意义的概念。当我们讨论宏观经济形势或者整个金融市场状况时，流动性常被用于说明货币供应量。当我们讨论资产估值问题的时候，流动性指的是资产变现的容易程度和所需的时间。一种资产越容易变现、所需变现时间越短，其流动性就越高。在金融市场里，一种资产的价值不仅取决于其带来的现金流，还取决于其流动性，流动性越高，资产的价值越高，其市盈率也越高。

6.2.4 市盈率指标的缺陷

虽然市盈率是目前对企业进行估值时的最常见的判断指标，但是实际上市盈率指标用来衡量股票价格具有一些内在的不足，具体如下。

（1）市盈率指标很不稳定。随着经济的周期性波动，上市公司每股收益会大起大落。这样算出的平均市盈率也会大起大落，以此来调控股市，必然会给股市带来动荡。例如，1932年美国股市最低迷的时候，市盈率却高达100多倍，如果据此来挤股市泡沫，那是非常荒唐和危险的。事实上，当年是美国历史上百年难遇的最佳入市时机。因此，可以看出市盈率具有不稳定性。

（2）每股收益只是股票投资价值的一个影响因素。投资者选择股票，不一定要看市盈率，因为其很难根据市盈率进行套利，也很难根据市盈率判断某只股票具有投资价值或不具有投资价值。令人费解的是，市盈率对个股价值的解释力如此之差，却被用作衡量股票市场是否有投资价值的最主要的依据。实际上，股票的价值或价格是由众多因素决定的。因此，单用市盈率一个指标来评判股票价格过高或过低是很不科学的。

（3）忽视可持续的经营利润。计算市盈率要扣除非经常性损益，考虑投资收益、补贴或者资产重估收益等因素，关注利润是否来自主营业务，持续性如何。有的公司利润也是来自主营业务的，但主要集中在单个项目上，单个项目一旦完成，利润便不可持续。这些在市盈率中很难得到反映。

（4）计算方法本身的缺陷。成分股指数的样本股的选择具有随意性。各市场计算的平均市盈率与其选取的样本股有关，样本调整一下，平均市盈率也会跟着变动。即使是综合指数，也存在亏损股与微利股对市盈率的影响不连续的问题。

（5）风险过高。之前我们提到市盈率的驱动因素之一是贴现率，风险越大的公司，其贴现率应该越高，市盈率水平越低。如果某些行业或者个股市盈率低于其他行业或者个股的市盈率，未必是真的便宜，很可能是因为承担了过高的风险，例如财务风险、运营风险等。

6.2.5 正常盈利状态下的市盈率水平

在正常盈利的情况之下，企业市盈率的大小将会成为判断其估值高低的依据：

（1）市盈率＜ 0：指该公司盈利为负（一般显示为“–”）；

（2）市盈率为 0~13：即价值可能被低估；

（3）市盈率为 14~20：即价值为正常水平；

（4）市盈率为 21~28：即价值可能被高估；

（5）市盈率为 28：反映股市出现投机性泡沫。

一般情况下，与市盈率相关的因素有图 6-5 所示的几种。

因素一

市盈率与公司所处的行业密切相关，如电子信息行业的龙头股市盈率高达 150 倍，钢铁板块的市盈率常在 10 倍左右徘徊

因素二

市盈率受股本大小和股价高低的影响。股本越小的股票越受青睐，其市场定位和市盈率越高

因素三

公司是否为高成长性，对市盈率有重大影响。公司未来前景越好，成长性越高，其股价自然就越高，市盈率水平就越高

图 6-5　与市盈率相关的因素

同时，按照经验判断，对于正常盈利的公司，如果其净利润保持不变，给予 10 倍左右市盈率合适，因为 10 倍的倒数为 10%（1/10），刚好对应一般投资者要求的股权投资回报率或者长期股票的投资报酬率。

之所以在这里强调正常盈利状态下的公司，是因为亏损的公司计算的市盈率如果是负数，则表明该指标失效，而微利的公司因为其净利润的分母小，计算出来的市盈率会高达成千上万，指标值会非常高，但是公司的估值实际未必真的高。

对于未来几年净利润能够保持在 30% 增长区间的公司，10 至 30（不含 30）倍市盈率合适。投资者应尽量不买 30 倍市盈率以上的公司的股票。这并不是说市盈率高于 30 倍的股票绝对贵了，而是因为仅有少之又少的公司既有超高的盈利能力又有超快的增长速度。持有长期维持 30 倍以上的市盈率的股

票的投资者，需要拥有非同一般的远见和长期持有的毅力。

一般的公司也不可能长期保持超高的利润增长速度，因为净资产收益率受竞争因素的限制。净资产收益率长期能够超过 30% 的公司凤毛麟角，对应的可持续增长率也不会长期超过 30%。如果你的投资组合里都是 30 倍市盈率以上的公司，建议你还是小心谨慎些为好。

60 倍市盈率以上为“市盈率魔咒”或“死亡市盈率”。这时，股票价格的上涨速度最为迅猛，市场情绪最为乐观，但是很难有公司、板块以及整个市场能够持续保持如此高的估值，例如，2000 年美国的纳斯达克市场，2000 年和 2007 年的中国 A 股市场，1989 年的日本股票市场等，无一能够从“市盈率魔咒”中幸免。

6.3 市净率

我们的个人财富需要长年累月的积累，同理，一家企业的财富更加需要长时间的积累过程。一年的利润、两年的利润只会逐步增厚公司的净资产，公司净资产的积累是一个长期的过程。因此，我们看到一些公司利润大幅地增长，并不能够将其作为买入的唯一的准则。在分析市盈率的同时，我们还需要仔细研究公司的市净率，需明辨企业的财务报表是否注水。

6.3.1 市净率的基础知识

市净率即 P/B，也称市账率。市净率是一种衡量股票价值的重要指标，基于公司的资产负债表。每股净资产是股票的账面价值，是用成本计量的。每股市价是股票的现在价值，是证券市场上交易的结果。

其中，市净率的计算公式为：

市净率 = 每股股价 ÷ 每股净资产

市净率具有非常直观的含义，即公司账面上的1元钱对应于股票价格中的多少元钱。市净率的绝对参照基准值为1，通常只有很特殊的原因才会导致股票的市净率低于1。

例如，企业持续亏损以至于市场认为其最终将不断消耗掉账面上的现存资产，或者企业拥有大量没有收益能力并且市场清算价格远低于账面价值的不良资产等情况。

市价高于账面价值时，表明企业的资产质量较好，企业有发展潜力；反之则资产质量差，没有发展前景。优质股票的市价都超出每股净资产许多，一般来说，市净率达到3时可以树立较好的公司形象。市价低于每股净资产的股票，就像售价低于成本的商品一样，属于“处理品”。当然，“处理品”也不是没有购买价值的，问题在于该公司今后是否有转机，或者购入后经过资产重组能否提高获利能力。市净率是市价与每股净资产之间的比值，比值越低意味着风险越低。

因此，人们通常用市净率来衡量投资股票可能遭遇到的最大损失。举一个简单的例子，前些年被人看好的乐视网一夜之间跌入谷底，乐视网在2018年1月26日以跌停价11.18元收盘，当日其市净率为3.57，那么如果以当前价格接盘乐视网股票，以乐视网市净率不破1估算，最大将遭遇71.99%〔（3.57−1）÷3.57×100%〕的损失，也就是说乐视网股价可能会跌到3.13（11.18÷3.57）元附近。

综上，市净率P/B数值越小的企业就越需要我们重点关注。简而言之，如果某企业的股价为10元，市净率为2，则意味着你将能够花10元，买到该上市公司5元的净资产。

市净率一般适用于盈利能力受工厂、土地和存货影响较大的资本密集型企业，因为这些企业的有形资产不仅具有清算价值，并且是很多企业的主要现金流来源，但对于依靠无形资产创造价值的企业，特别是服务性企业来说，市净率没有任何意义。

笔者把截至2019年3月22日的白酒股的市净率列了出来，如图6-6所示。通过市净率排名，我们可以简单地分析白酒行业内的上市公司资产的优劣，同时结合前面所讲的市盈率分析，可以大致分析出上市公司的基本价值。

代码	简称	总市值(亿元)	排名	市盈率	排名	市净率
600519	贵州茅台	9974.21	1	31.34	18	10.91
000858	五粮液	3340.12	2	27.37	14	6.26
002304	洋河股份	1792.11	3	22.17	7	6.07
000568	泸州老窖	893.94	4	26.99	12	5.89
600600	青岛啤酒	542.96	5	36.36	20	3.17
000596	古井贡酒	500.33	6	31.13	17	7.75
600809	山西汾酒	499.51	7	35.62	19	9.54
603156	养元饮品	378.52	8	15.25	3	5.16
603369	今世缘	338.34	9	29.45	15	6.43
000860	顺鑫农业	325.01	10	43.67	28	4.22
603589	口子窖	315.00	11	23.26	10	6.20
-	行业均值	506.89	-	29.78	-	6.32

图6-6　白酒股的市净率排名

6.3.2　高市净率辨析

市净率高的原因无非就是市值大幅高于净资产，净资产大幅低于市值。

市值是市场给出的价格，带有公允价值的属性，大众或市场参与者中的大多数人认为这个给出的价格是合理的。而净资产只更多地依据企业会计准则反映企业能够用数字计量的账面资产。投资者需要注意的是，对于有些公司，例如有较高品牌价值和研发投入巨大的公司，即战略上采用差异化竞争策略的公司，其净资产的计算可能并没有反映出企业的真实价值。

有较高商誉的企业，如贵州茅台、伊利股份等，这些品牌的价值并没有统计在资产负债表中，所以可以说它们在资产负债表上的净资产是低估的净资产。这也是这类公司市净率高的一个原因。另外，这类企业每年都会投入广告费来夯实自己在行业中品牌地位，提高、巩固自身在消费者心里的品牌价值。广告费用的投入带来的品牌价值提升也没有反映在报表中，即商誉、品牌价值的表内低估使净资产被低估，从而导致高 P/B 值。

对于研发投入巨大的公司，如华为、海康威视等高科技企业，其对研发的投入在会计上分为研究和开发两个阶段，其中研究阶段的投入要费用化，计入管理费用等直接影响当期损益；而开发阶段的研发开支可以分为满足资本化条件的和不满足资本化条件的，满足资本化条件的计入无形资产，不满足资本化条件的还是费用化。简单来说，无形资产被低估，使真实净资产被低估，从而导致 P/B 值较高。

因此，可以说市净率这个指标更适合于没有较高商誉和品牌的生产制造型企业或金融企业，而不适合采用差异化竞争策略的企业。

但实际上，在正常运营的公司中，有些公司的盈利能力低下，其净资产都是一些过时的机器设备或产品，清算时根本不值钱，这些公司的内在价值可能远小于账面上的净资产价值；而另一些公司，净资产很少，其却凭借着强大的品牌、专利、技术优势等，使自身盈利能力远远超过行业平均水平，这些公司的内在价值远高于账面净资产。

在一定的条件下，在净资产收益率和市净率之间，笔者认为大致上有一个合理的比率为 10%。也就是说，如果一家企业的 ROE 保持在 10%，那么其合理的市净率为 1 倍；如果一家企业的 ROE 保持在 20%，那么其合理的市净率为 2 倍，以此类推。

在实际应用中，投资者可以将市净率作为估值的另一项关键指标，并且将图 6-7 所示的 3 点作为参考原则。

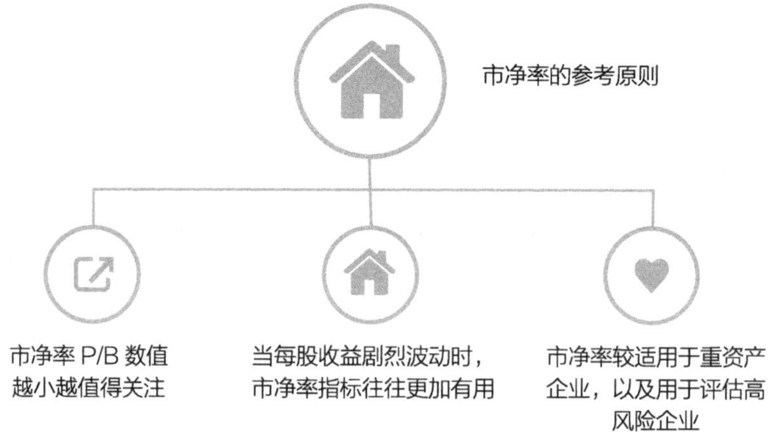

图 6-7　市净率估值的 3 点参考原则

6.4　市销率

市销率也是一种重要的估值方法。如果公司处于周期性行业，或者盈利历史上有不太好的表现，那么我们可以使用市销率对其进行判断。如果公司的市销率比历史平均水平低，那么该公司的股价可能是便宜的。

6.4.1　市销率的基础知识

市销率又称 P/S，市销率越低，说明该公司股票目前的投资价值越大。市销率指标可以用于确定股票相对于过去业绩的价值。市销率也可用于确定一个市场板块或整个股票市场中的相对估值。

通常情况下，市销率越小（如小于 1），企业的投资价值越高。这是因为投资者可以用比单位营业收入更少的钱购买股票。

市销率的计算公式为：

$$市销率 = 总市值 \div 主营业务收入$$

不同市场板块的市销率的差别很大，所以市销率在比较同一市场板块或子板块的股票中最有用。同样，由于营业收入不像盈利那样容易操纵，市销率比市盈率更具业绩的指标性。但市销率并不能够揭示整个经营情况，因为在有较多主营业务收入的情况下，公司可能仍是亏损的。市销率经常被用于评估亏损公司的股票，因为这些公司没有市盈率可以参考。例如，在几乎所有网络公司都亏损的时代，人们会使用市销率来评价网络公司的价值。

一般情况下，若 P/S 值降低，则说明企业的营收规模扩大，企业价值上升，收入乘数还可反映价格政策和企业战略变化的效果。若这些结合 P/E 的估值，则可粗略筛选出该行业具有投资价值的标的。在市销率的实际应用当中，有以下使用要点：

（1）在 P/S 公式中，销售额最为关键，找出企业在相当长的时间段内的历史最低、最高和平均三档市销率区间。考察周期至少 5 年或一个完整经济周期；

（2）销售额须明确为其主营构成，有无重大进出报表的项目；

（3）新上市企业，至少要有 3 年的交易历史。找出同行业具有较长交易历史的企业做对比，明确三档市销率区间；

（4）P/S 估值无法考虑经营成本，各行业销售利润空间差异巨大，因此 P/S 只适用于同行业个股对比。

6.4.2 市销率的优缺点

市销率估值法的优点：

（1）销售收入最稳定，波动性小；营业收入不受公司折旧、存货、非经常性收支的影响，不像利润那样易操控；

（2）即使公司盈利为负，但其销售收入总是为正的，因此市销率可以适用于亏损企业。所以，市销率估值法可以和市盈率估值法形成良好的补充；

（3）市销率中的销售额只来源于公司主营业务的收入，而市盈率往往会被一些非经常性损益影响，因此，市销率有时候更能够反映公司主营业务的竞争力，通常它比市盈率更加稳定。

市销率估值法的缺点：

（1）它无法反映公司的成本控制能力，即使成本上升、利润下降，不影响销售收入，市销率依然不变；

（2）市销率会随着公司销售收入规模的扩大而下降；营业收入规模较大的公司，其市销率较低；

（3）不同行业的市销率差别巨大，市销率不能够跨行业进行对比。

6.4.3 市销率的应用

笔者认为，市销率更适用于周期性行业。一般投资习惯上，对于增收不增利，甚至增收却出现亏损的企业，往往用市销率来进行估值，不同行业的企业却往往也会有不一样的市销率估值水平。

对此，很多投资人不禁要问："为什么？"事实上，在国际市场当中，诸如亚马逊、京东和阿里巴巴等公司可以亏损很久，而国内市场的股票只要亏损，不管增收多少，立马被资本抛弃。

对于增收不增利的情况，我们要从几个维度去看。首先，增收的"收"相对于市值，也就是很多投资人一直忽略的市销率是多少。在 A 股，很少有人告诉你市销率也是一个重要的参考指标。市销率就是市值和销售收入的比值。这里面蕴含着一个极端含义：如果销售净利率是 100%，也就是 1 元钱的营收就代表 1 元钱的利润，别的什么都没有，那么市销率就是市盈率。

例如，京东 2016 全年营收 2 602 亿元，其市值 3 800 亿元，市销率维持在 1.5 左右，如果京东的销售净利率达到 10%，其利润则是 260 亿元，市盈率为 14.6；如果京东的销售净利率是 5%，市盈率只有 29 倍左右。

这样看京东就很合理了，营收足够庞大，公司对外宣传销售净利率低是因为要建设庞大完备的物流体系形成壁垒，那么壁垒形成之后，销售净利率回升是可以期待的，所以京东并不是虚火。

这个例子告诉我们，首先增收不增利的前提是收入要足够大。这是未来转折的基础。

其次，要研究销售净利率的趋势，如果销售净利率的趋势是下降的，或者为负，那么营收越多，亏得越多；如果销售净利率是上升的，那么现在的增收都是在为未来的厚积薄发做铺垫。

最后，也是最重要的，牺牲净利润的目的必须是形成壁垒，我们看到很多的公司都没有注意到壁垒的重要性，即使老牌的公司诸如金山软件也未能形成良好的壁垒。金山软件有 4 个区块：金山云、WPS、西山居和猎豹移动。这 4 个区块的营收经常爆发，有几年甚至经常是 100% 的增长，但是这几样东西都没有形成壁垒，所以被腾讯甩开了很多。特别是前几年非常火爆的猎豹移动，包含金山毒霸、猎豹浏览器、网络游戏，但是你说不出来其是否在营销上面形成壁垒。所以金山软件还是金山软件，其股价在一个区间盘桓很久了，即使是把“剑网 3”从计算机搬到手机上，其股价仍起色不大。

6.5　市现率

上文已经对相对估值法中常用的市盈率、市净率以及市销率进行了讲解，本文将讲解市现率。在估值当中，市现率也是一个十分重要的指标。股价与现金流的比率称为市现率，可用于判断股价的低估或高估。不少价值投资者习惯用市现率来挑选股票，这正是因为现金流量向来比盈利更为可信。值得注意的是，特别是在不太成熟的证券市场，投资者“触雷”的可能性较大。

6.5.1 市现率的基础知识

市现率（Price Cash Flow Ratio，PCF）是股票价格与每股现金流量的比率。市现率可用于评价股票的价格水平和风险水平。市现率越小，表明上市公司的每股现金增加额越多，经营压力越小。对于参与资本运作的投资机构而言，市现率还意味着其运作资本的增加效率。不过，在对上市公司的经营成果进行分析时，每股的经营现金流量数据更具参考价值。

市现率是反映企业盈利质量的一个重要的估值指标，基于企业的现金流量表，其计算公式为：

市现率 = 每股股价 ÷ 每股企业自由现金流

其中，企业自由现金流就是企业产生的在满足了再投资需要之后剩余的现金流。这部分现金流是在不影响公司持续发展的前提下可供分配给企业资本供应者的最大现金额。

从财务管理的原理角度来说，评估企业价值最可靠的方法是对企业未来的现金流进行折现，也就是采用现金流贴现模型（DCF）。不过，这个模型并不算精准，因此更多时候投资者会用自由现金流（Free Cash Flow，FCF）来作为替代进行分析。所谓自由现金流，是指企业扣除资本支出后核心业务产生的现金流。理论上，它能够更为准确地衡量企业的经营情况，反映企业能够使用的现金。

这个现金流量是在不影响企业正常运营和发展的情况下，能够分配给债权和债务人最大的现金额。从投资者角度来说，这部分金额就是企业为投资者创造的实实在在的价值增值。现金流量表比利润表更难被人为操纵，又比资产负债表更贴近企业的基本面情况，所以市现率，也能很好地衡量企业的估值水平。

总而言之，从历年股市的数据来看，低市现率投资组合收益战胜了大部分股票的平均投资收益。从价值投资注重安全边际的理念来看，市现率是必须考虑的选股指标。

投资者在实际的选股过程中，还会结合其他的筛选条件以及选股指标进行分析。例如，一些投资者为了让自己的股票组合跑赢指数，在指数成分股里面先挑选市现率比较低的个股，然后再结合市盈率、市净率等选择最终的投资标的。

6.5.2 市现率的优缺点

使用市现率对股票进行估值具有可靠性强这一优势。企业自由现金流来自于现金流量表，而现金流量表是三大会计报表中最难以被人为操纵的报表，因此，市现率的可靠性高于其他估值指标的可靠性。企业自由现金流是公司能够真正分配给债权人和股东的资产。市现率能够直接反映企业净利润的质量。

在实践应用中，人们常常通过将市现率和同公司的市盈率的比较来判断成熟企业盈利质量的好坏。如果一个处于成熟期的公司的市现率远高于其市盈率，则需要对其实际的收益水平保持警惕。

当然，市现率也具有一些缺陷，其中最明显的缺陷为图 6-8 所示的两点。

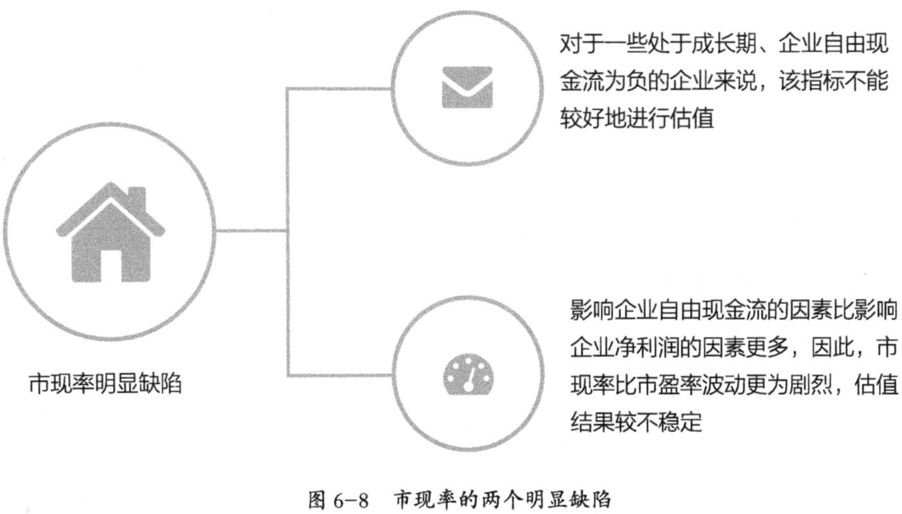

图 6-8 市现率的两个明显缺陷

6.6 评估内在价值

判断股票价格便宜与昂贵的基础是企业的内在价值。内在价值的评估会让你关注公司的价值，而非股票的价格，这才是作为一个价值投资者想要的。你会看到许多股票的价格远远超过其内在价值，股价是其内在价值 5 ~ 10 倍的现象很普遍，但很少看到股价是内在价值 10% ~ 20% 的情况。所以，见到这样的股票可以加大投资，其成功概率普遍会很高。估算一家企业内在价值需要考虑的就是其现金流、增长率、现值以及折现率。

6.6.1 现金流

在价值投资的过程当中，分析企业的核心就是现金流。要知道，企业本身是一种资产，是一种能够持续不断地带来现金流的资产。显然，在这个资产大类当中，优质企业是最好的一种资产，是长期来看获得收益最高的一种投资，因为优质的企业总是能够比整个宏观经济发展得更好，增长得更快，而这恰恰也是股票投资的核心逻辑。

选择一个优秀的企业，除了看它的股权结构、产品与服务的竞争力之外，还要看它的财务状况是否稳定，有无财务风险。同时，一家优秀的公司，一定是能够产生合理的现金流的，不能带来现金流的公司都是危险的，企业不能只卖产品而无法收回现金。

现金流是企业内在价值评估的首要标准，那么如何利用现金流进行企业财务分析呢？中小型企业普遍重视资产负债表和利润表的编制和分析，而忽视现金流量表的编制和分析。事实上，现金流量表比资产负债表、利润表更加客观、直观。一般来说，企业经营活动的现金流量越大、流速越快，企业的财务基础越稳固，适应能力和变现能力越强，抗风险能力越强。与利润相比，投资者更关心现金流。这是因为现金流的基础是收付实现制，不会因会计标准的不同而有所区别。现金流量表很少涉及确认问题，统计现金流不涉及估计和分配等人为因素。

对于中小型企业，特别是新成立的企业来说，现金流就是一切。如果现金周转得好，企业就能存活，利润就是水到渠成的事；相反，如果一味关注利润，那么过多的库存和应收账款会耗尽现金，使利润最终只能留在报表里。在对中小型企业进行财务分析时，投资者要在关注利润表的同时，结合现金流量表分析，正确把握利润与经营性现金净流量的比较分析。

运用现金流量表还可以分析企业偿债能力。有较强偿债能力的企业才能筹集到更多资金，为投资者带来更多利润，并可避免因流动资金不足而发生财务危机。中小型企业的债务在很大程度上需要由经营活动产生的现金净流量来偿还。借新债还旧债既有风险又难于操作，投资活动又不能保障现金净流量的持续增加。这就要求中小型企业能够准确评价公司偿还本期到期债务的能力，即进行“现金到期债务比率”分析。

现金到期债务比率为经营活动现金流量净额除以本期到期债务额后的商。在公式中使用“经营活动现金流量净额”可以排除借款偿还债务，专门衡量通过经营创造资金独立偿还债务的能力。“本期到期债务”指本期到期的长期债务和本期应付票据。这两种债务不能保障有后续的长期债务和应付票据接续，需要依靠经营现金净流入偿还。该比率越高，说明企业的偿债能力越强，企业持续经营和再举债能力也就越强。

6.6.2 折现率

投资者在进行企业的内在价值评估过程中，除了可以分析其未来现金流量以外，还需要考虑用多大的折现率。

折现率是指一家企业在特定条件下的收益率，其是将未来有限期预期收益折算成现值的比率，能够说明资产取得该项收益的收益率水平。在收益一定的情况下，收益率越高，意味着单位资产增值率高，所有者拥有资产的价值就低，因此收益率越高，资产评估值就越低。

本金化率和资本化率或还原利率则通常是指将未来无限期预期收益折算成现值的比率。分期付款购入的固定资产，其折现率实质上即是供货企业的必要报酬率。折现率的基本公式如下：

$$PV=\frac{C}{(1+r)^t}$$

其中，PV= 现值，C= 期末金额，r= 折现率，t= 投资期数。

在投资过程中选择折现率时，投资者应选择图 6-9 所示的几点。

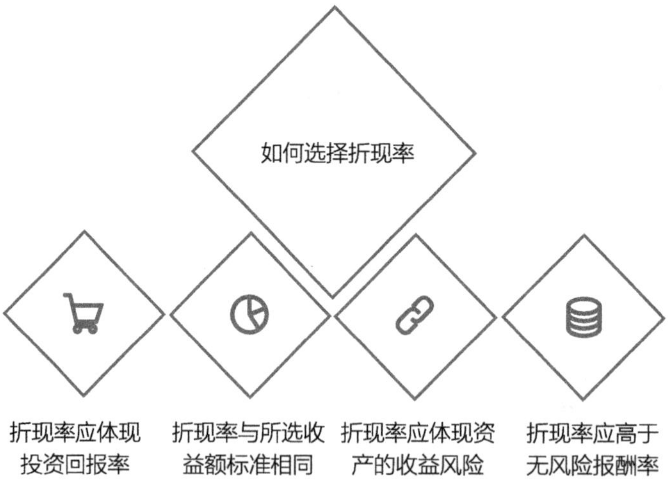

图 6-9　折现率选择四要素

1. 折现率应体现投资回报率

折现率既不是利率也不是贴现率。在正常的资本市场条件下，每项投资的回报不应低于该投资的机会成本。无形资产评估中的折现率反映的是资产的期望收益率。收益率与投资风险成正比，风险越大，收益率越高；风险越小，收益率越低。因此，在评估无形资产价值时，折现率应充分体现投资回报率。

2. 折现率与所选收益额标准相同

在评估企业的价值过程中，收益额可以因评估目的不同而采用不同的计算标准，例如采用净利润、净现金流量等标准。在预计资产的未来现金流量时已经对资产特定风险的影响做了调整的，估计折现率时不需要考虑这些特定风险；如果用于估计折现率的基础是税后的，应当将其调整为税前的折现率。针对不同的收益额进行评估时，只有将收益额与折现率之间计算口径相匹配，才能保证评估结果的合理性。

3. 折现率应体现资产的收益风险

一家企业想要拥有超额的收益，一定也会伴随着相应的风险，因此，企业的折现率应当能够要体现出企业资产的收益风险。

4. 折现率应当高于无风险报酬率

每项投资都伴随着一定的风险，在投资市场当中，每位投资者进行投资都希望能获得更多的收益。事实上，无风险报酬率是决定投资者是否进行投资的最低标准，正因如此，折现率应当高于无风险报酬率。

6.6.3 现值

上文已经提到评估一家企业内在价值的两个重要方面——现金流和折现率，那么在评估内在价值过程中另一个不容忽视的关键步骤就是估算企业的现值。在折现率公式当中已经体现了现值的定义即 PV。

现值也称折现值、贴现值、资本化价值，是指把未来现金流量折算为基准时点的价值，用于反映投资的内在价值。使用折现率将未来现金流量折算为现值的过程，称为“折现”。

会计计量中的现值，是指对未来现金流量以恰当的折现率折现后的价值，是考虑货币时间价值因素等的一种计量属性。

在现值计量下，资产按照预计从其持续使用和最终处置中所产生的未来净现金流入量折现的金额计量；负债按照预计期限内需要偿还的未来净现金流出量折现的金额计量。

在给定的利率水平下，未来的资金折现到现在时刻的价值，是资金时间价值的逆过程。举一个简单的例子，经济学家经常使用贴现值来计算和表示将来的 1 元钱和现在的 1 元钱之间的差异。用于计算贴现值的是近似于银行利率的贴现率。如果贴现率是 5%，那么就意味着 1 年以后的 105 元相当于现在的 100 元，或者说，1 年以后的 100 元只相当于现在的 95.24 元。

6.7　安全边际

本书开篇就已经提到安全边际是格雷厄姆提出的重要概念之一。价值投资者应当设立安全边际。投资于股票市场是否盈利，其实很大程度取决于你买入股票的那一时刻，如果投资者本身所买入的公司并不够优秀，而且买入时的股价又过高，那么显然，投资者想要获利就十分困难。只要以一定的安全边际买入优秀公司的股票，那么投资者就有可能会拥有赚钱的机会。

6.7.1　安全边际的设定

帕特·多尔西在《股市真规则》一书中提到，安全边际就像是一份保险单，能够有助于防止投资者以过高的价格买入，同时也减轻了投资者因过度乐观的估值而引起的损失。在书中，帕特·多尔西说："在晨星公司，安全边际对有较强竞争优势的稳定的公司为 20%，对没有竞争优势的高风险的公司为 60%，就在这样一个范围内变化。平均起来，对大多数公司来说，我们需要一个 30% ~

40% 的安全边际。”

说来说去，这个安全边际究竟是什么呢？简单来说，具有较大的安全边际，可以理解为：在一只股票的内在价值之下获得一个购买折扣。例如，若将对周期性企业、陷入财务困境的企业的投资作为合理的投资，则需要特别高的安全边际。

在《股市真规则》一书中，帕特·多尔西用高乐氏公司股票进行了举例，解析了安全边际的重要性：

> 高乐氏公司股票的每股价值为 54 美元，而且它的股票正以 45 美元的价格交易，如果我们买入的股票正好到达所分析的价格，那么我们收到的回报应该是 45 美元和 54 美元的差值（20%），加上 9% 的折现率，也就是 29%。
>
> 假如在购买高乐氏公司股票之前制定一个 20% 的安全边际，那么我们就不应该在每股 45 美元时买入，而应当等到高乐氏公司股票下跌到 43 美元以下之后再买入。这样即使分析有误，所进行的投资组合损失也十分有限。

举一个简单的例子，如果某股票内在价值为 10 元，投资者设定 50% 的安全边际，那么最高的购买价格为 5 元。这之上的任何价格都会削减安全边际，从而增加风险。安全边际高带来的正面效果，即使是估值出错，实际内在价值 8 元，也具有相当的安全边际。因此，在某种程度上，安全边际实际是投资者在为自己判断或误判购买的免费零息保险。

6.7.2 安全边际与企业护城河

我们在买入股票时，都要求有一定的安全边际，那么这个安全边际到底多少合适呢？如果安全边际定得太高，那么可能你会买不到股票；同时如果安全边际定得过低，那么也有可能，你买入之后，它还会一直下跌。安全边际的确定是一个非常有技术含量的操作，我们应该如何来把握呢？

显然这是个比较重要的问题，买入的价格将直接影响你的收益，如何来确定安全边际的多少，其核心还是要看买入对象的护城河（可见第 4 章对企业护城河的定义）如何。如果护城河相对来说比较牢固，那么这个安全边际可以定得略小一些；相反，如果护城河并不牢固，那么安全边际就必须要定得大一些。或者可以这样理解，安全边际的大小取决于企业护城河的情况，如果护城河宽广，那么价格上就可以适当提高一些，或者说安全边际是由护城河与价格两个因素组合的，两者为互补关系，护城河弱的企业，其价格应该定得更低一些，护城河宽广的企业，其价格可以适当定得高一些。具体如图 6-10 所示。

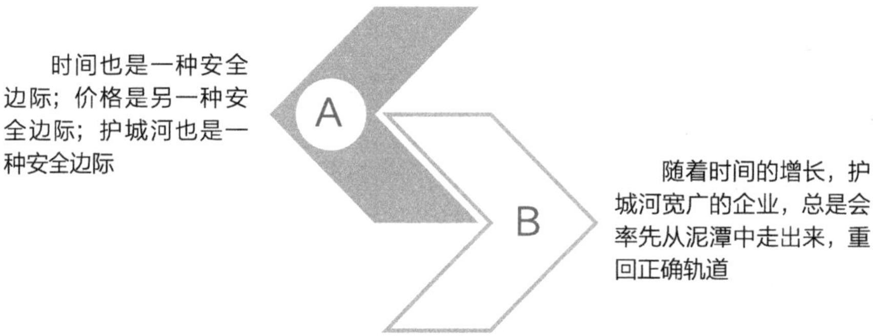

图 6-10　安全边际的范围

企业的竞争优势就是最好的安全边际。优秀的企业即使其股票价格略高一些，也是可以被投资者接受的，因为随着时间的延续，企业的价值很快就会超过价格，投资者自然也就会赚钱。

6.8　估值的应用

笔者经常对投资者说，在长期投资过程当中需要看所获得的收益是否与企业的净资产回报率无限接近，但是在短期投资的过程当中，还是应当看市盈率的变化，也就是估值水平的变化所导致的价格波动是投资回报的主要来源。如果投资者给出的估值过高，则再优秀的公司在短期看来也不会是很好的投资目标。

6.8.1 现金流折现法的利润价值陷阱

股票的价值等于企业未来现金流的折现，不多也不少。但是现实中，上市公司的利润就像小孩的脸，说变就变，如何识别上市公司设下的利润陷阱？

目前主流的股票价值分析，用的都是现金流折现法。不过，机构研究员在研报中，使用现金流折现法计算股票价值时，也会让投资者遇到投资陷阱。问题出在哪里？其实问题恰恰出在对未来现金流的分析中，有些一次性的企业利润是需要扣除的，如果不扣除，就会掉进价值陷阱中。

股票价值分析的核心的确是分析公司未来的利润，但是，投资也经常遇见“黑天鹅”事件。汉王科技上市的 2010 年，年报利润增长了 350%，有些分析师认为，其股价会达到 4 000 元。但是，2011 年的一季度，汉王科技的利润突然变脸，从盈利变成巨亏，2011 年全年更是亏损将近 5 亿元。该公司的股价当然也就是疾风骤雨般地下跌。这种利润的变化有时候就是对于股价的致命打击。所以，我们在本小节总结了一些上市公司利润的价值陷阱，如图 6-11 所示，虽然不一定完全避免陷阱，但是常见的陷阱，还是可以识别的。

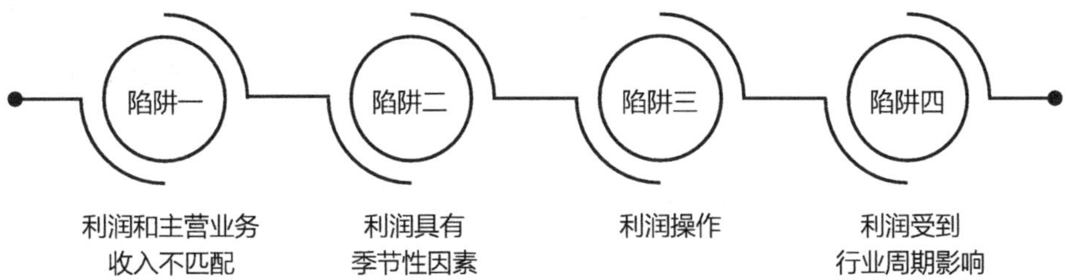

图 6-11 常见的利润陷阱

1. 利润和主营业务收入不匹配

举一个简单的例子，一家公司的利润增长了 100%，而主营业务收入仅仅增长了 10%，那么说明其利润不是来自主业的，有可能是一笔横财，如投资收益、政府补助等，而这些收益是一次性的，所以投资人需要重点关注的是扣除非经常损益之后的净利润，而且要关注和主营业务收入的匹配度。

2. 利润具有季节性因素

有些工程结算，尤其是政府工程，大多是放在年底，所以你根本看不出来前面若干季度的利润，因此，你只能通过订单数量和开工情况去推算大概的利润增长率。有些饮料也具有季节性因素，这些有季节性因素的上市企业在旺季容易出现利润增长几倍的情况，要关注这些利润的来源。普通情况下，这些季节利润不能代表年度利润也会同步增加。

3. 利润操纵

利润操纵是个老话题，手法众多，有些公司喜欢计大量待摊费用，让利润集中在一年出现。有些公司会和关联方进行大量交易，制造收入。有些公司会在年底制造虚假销售，然后来年做一笔退货。还有一些公司会通过高估资产来推高额外利润。利润操纵是投资人的大敌，普通投资人获得详细数据可能比较困难，这时候就需要对财报整体进行研究。

4. 利润受行业周期影响

行业周期分为初创期、成长期、成熟期和衰退期，我们之所以会喜欢选择成长股，是因为在其他行业周期你基本可以得出未来利润的结论，那就是持平或者萎缩，而只有在行业处于成长期的上市公司才可能获得利润大幅增加的可能性。

利润是上市公司的成绩单，其状况固然多，但是认真的投资人会尽量详尽地获得信息，降低未来的不确定性。但是纸面上可以看见的利润，永远是过去式，投资人要学会向前看，往往“黑天鹅”过后是相对低廉的价格。这个时候，你就要判断其成长性是否依旧良好，管理层是否还是正直的。如果结论是市场虚惊一场，你便可以大胆买入，耐心持有。而对于管理层人为操纵利润的公司，不管其行业如何，一定要抓紧时间回避，因为大多数违法情况的后续一定伴随着大量的查处、诉讼。

6.8.2 从沃尔玛辨析估值

曾有朋友问过我这样一个问题："作为世界最大的零售公司，沃尔玛 2017 年营收 4 858 亿美元，其市值为何只有 2 190 亿美元？"

众所周知，沃尔玛集团 2017 年营收 4 858 亿美元，位居世界 500 强榜单前列，但是实际上公司利润并不高，年利润只达到了 136 亿美元。对于沃尔玛集团，市场给予其 16 倍的估值水平，这在传统零售业估值中不算很低，A 股零售业很多个股市盈率只有 10 倍左右，低于 10 倍的也不少。

对沃尔玛集团进行分析能够发现，沃尔玛最大问题是遭遇亚马逊等电商平台的新式零售方式的冲击。例如，在美国本土，亚马逊与沃尔玛展开竞争，争夺客户，不仅仅在线上平台，亚马逊在线下也已经开设了 3 000 余家无人店与沃尔玛超市进行竞争，要知道美国人工成本很高，亚马逊所开设的这种新式线下无人店对沃尔玛来说无疑是一个巨大的潜在威胁。同时，不仅仅是在美国境内，在我国也同样如此：沃尔玛线下零售也遭遇线上也就是网购的巨大冲击，像阿里巴巴、京东和拼多多这类的大型电商平台都是异军突起，对传统零售业造成较大的影响，并且有越来越多的年轻人开始通过新式电商平台创业，越来越多的人逐步实现用一个手机搞定衣食住行的目标。

通过沃尔玛企业的案例就能够看出，总市值不仅与营收有关系，更与净利润有关系，也与未来发展潜力有关系，发展空间大，市场乐观情绪高涨，会给予相应公司更高的估值，如果未来发展潜力不大，市场就会出现悲观情绪，给予较低的估值。这就是所谓的情绪抑价。

与此同时，估值采取双体系，一个体系关注增长率，例如亚马逊、阿里巴巴和京东等，同样属于商业类企业，但是更多需要参考销售金额的增加。另外，对于诸如腾讯等企业，投资者更关注的应该是其用户数的增长；有一些连锁餐馆，投资者需要注重餐厅的翻桌率；而针对一些连锁网点的服务企业，诸如星巴克等，投资者则需要关注其坪效（衡量商场经营效益的指标）。

而对于沃尔玛这类的传统企业，其市盈率并没有太大的弹性。理论上，美国市场给予成熟企业的估值在市盈率 15 倍左右，沃尔玛动态 50 倍市盈率，静态来看，沃尔玛 2017 年净利润 136.43 亿美元，而市值则达到了 2 750 亿美元，可见其静态市盈率大致为 20 倍。这符合一个传统企业的特征，而且从整体上看，还有些偏贵。

因此，沃尔玛的营收并不是问题，问题在于其可怜的销售净利率，而且市场普遍认为，其销售净利率提升基本无望：其有庞大的资产，无法灵活应对消费市场网络化的变革。

当然，为了防止企业衰老，沃尔玛也会不断找寻新的商业模式，逐步调整企业的竞争力，但是国际市场和我国市场最大的不同点在于，成熟市场会去更多地考虑新兴业务增长逻辑的合理性。

6.8.3 个人估值经验总结

上文已经对企业估值的基础知识进行了详解，相信大家对于如何估值有了一定程度的了解。其实估值中真正需要做的还是多实践，多吸取其他成功投资者的经验，最后总结出适合自己的估值技巧。

正如前文所说，我们在选择股票准备进行投资时，非常重要的一项工作就是估值，甚至于很多时候估值是决定性的工作，好公司再加上好价格才会有好股票。如果没有好价格，那么投资再优秀的企业，也可能是糟糕的投资。估值的重要性是不言而喻的，那么投资者在对企业进行估值时除了要考虑企业的成长性等企业本身的因素之外，要不要考虑市场的因素？如果估值给低了，会错过大牛股；如果估值给得太高，显然投资者又会被套很长时间，这确实是个问题。

从笔者多年的投资实践经历来看，在对企业进行估值过程中，最重要的环节首先是看企业的基本面情况，其次是看市场因素即稀缺性，最后看成长性。

估值时，大部分投资者都会看企业的基本面情况。关于企业的基本面分析在前面已经讲了很多，这里重点讲市场因素。估值时，市场因素是不得不考虑的因素，也是一个非常重要的参考依据。这里的市场因素主要是指市场上的稀缺程度。如果同类企业仅有一家上市公司，那么其估值与同类企业有十家上市公司的估值肯定是有所不同的。

例如，同行业仅有一家上市公司，那么这家公司上市以后，会利用它募集来的资金，加快行业布局和整合，显然其发展速度会大幅度提高，那么也应该适当地在估值上给一些溢价。而如果同行业的公司几乎都上市了，那么再想整合这个行业几乎是不可能的，显然稀缺性没有了，溢价也就没有了。从这个角度来讲，如果市场上只有这样的一个标的，那么给些溢价是理所当然的。

当然这是在正常的市场情况下。然而，当市场极度恐惧时，可能这种稀缺性溢价就不存在了，或者其幅度就会缩小很多。如果遇到这种情况，那么恭喜你，这将是非常好的投资机会。当企业被低估时，投资者在这个时候要下重手。股票是在市场当中交易的，我们不可能完全不考虑市场的实际情况，或者装作不理会市场的情况来做投资。

估值还有一个非常重要的因素，即成长性，即哪些行业、哪些企业更有光明的未来，会发展得越来越好。例如，对于医药行业来说，一些具有独家产品且该产品的未来市场前景广阔的企业，其股价会有一定的估值溢价。

第 3 部分　行业选择

第 7 章　分析行业，选择投资方向

对于一家企业的分析，或者具体到实际选股，这些都是一个非常系统和繁复的过程，但是这并不是说作为小散投资者就无法进行行业分析。恰恰相反，行业分析是决定投资方向的重要步骤。本章将会提供一个简化的建议，用概括的方式讲解行业分析。

7.1 投资就是从富矿中淘金

从广义上解释，行业就是指从事国民经济中同性质的生产或其他经济社会的经营单位或者个体的组织结构体系。从本源来说，某个行业的存在就是为了满足人类的社会活动需求。在价值投资过程中，对于行业的研究必不可少，其目的主要是解决图 7-1 所示的两方面的问题。

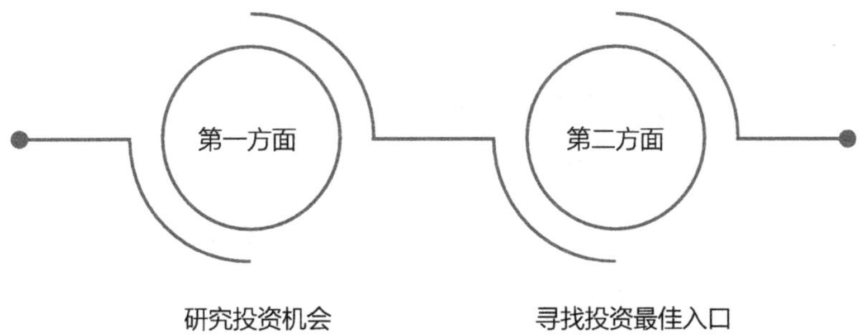

图 7-1 行业研究目的

（1）研究投资机会。价值投资寻找投资机会需要把握行业发展周期及目前所处的发展阶段，判断当前的投资环境是否具备趋势性机会。确定的宏观投资机会往往是决定投资能否成功的先决条件。对于产业大趋势的判断非常锻炼投资者的思考、思辨和思想能力，而且这是未来人工智能所不能替代的。

（2）寻找投资的最佳入口。寻找投资的最佳入口也就是找到行业内最具有价值的企业，并研究其投资价值与风险，把行业研究的结果最终落脚到需要投资的企业标的上。

因此，价值投资者要对行业有着完全透彻的理解，只有这样才能够在投资的过程中少走弯路，获得最终的成功。

7.1.1 行业的类别划分

行业分类是指从事国民经济中同性质的生产或其他经济社会的经营单位或者个体的组织结构体系的详细划分，如汽车业、银行业等。行业分类可以解释行业本身所处的发展阶段及其在国民经济中的地位。

从不同的角度可以对行业（或产业，产业包含行业）进行以下几个方面的类别划分。

1. 从行业的发展前景进行划分

（1）朝阳产业：未来发展前景乐观的产业。

（2）夕阳产业：未来发展前景不乐观的产业。

2. 从行业技术的先进程度进行划分

（1）新兴产业：采用新兴技术进行生产，产品技术含量高的产业。

（2）传统产业：采用传统技术进行生产，产品技术含量低的产业。

3. 从行业要素集约度进行划分

（1）资本密集型产业：需要大量的资本投入的产业。

（2）技术密集型产业：技术含量较高的产业。

（3）劳动密集型产业：主要依赖劳动力的产业。

（4）知识密集型产业：依靠创意设计等智慧投入的产业。

（5）资源密集型产业：依赖资源消耗的产业。

4. 从行业与经济周期之间的关系进行划分

（1）成长型行业：成长型行业的发展一般与经济周期的变化无关，不会或很少受到经济衰退的影响，它们的快速发展主要依靠技术进步、新产品开发、提供优质服务及改善经营管理等。

（2）周期性行业：周期性行业是指行业的景气度与外部宏观经济环境高度正相关，并呈现周期性循环的行业。周期性行业的特点是产品价格、需求以及产能呈现周期性波动。

（3）防御型行业：它的运动形态的存在是因为其产业的产品需求相对稳定，并不受经济周期性衰退的影响，不会随经济周期大起大落。

周期性行业需求弹性大，受经济周期影响大，主要包括耐用消费品、工业原材料行业、证券行业，如汽车、房地产、有色金属、钢铁、水泥及化工等。这类行业周期性较强，必须要长期跟踪才能够提高确定性，否则把握不好，亏损会很大。

非周期性行业需求弹性小，基本不受经济周期的影响，主要包括快速消费品、医疗保健、商业零售行业，如食品饮料、日用品、医药、医疗设备以及连锁超市、餐饮等。另外，值得注意的是，在这些需求弹性较小的行业中，往往会出大牛股。

消费行业非常容易出现大牛股，消费股在历史大牛股中几乎占据半壁江山。消费行业大概包括耐用性消费品、非耐用性消费品、奢侈品、服务业、提供消费服务，即日常的吃、穿、住、用、行等的机构。以国内的股票为例，从上市以来，股票价格涨幅超过10倍的股票有格力电器、贵州茅台、伊利股份、泸州老窖、五粮液、青岛海尔、华侨城A、苏泊尔等。

选择股票时要清楚一家公司是处于周期性行业，还是非周期性行业，周期性行业公司更难以预期，因而其风险更高，应该给更低估值。

7.1.2 行业生命周期分析

价值投资中的行业分析能够具体指引投资者看清楚相关企业的发展方向。行业生命周期作为行业分析的重要部分，对股票投资有着指导意义。

实际上，行业的周期可分为经济周期与生命周期两类。投资者首先需要判断行业处于哪个阶段、行业目前所处阶段是否存在产能过剩等问题。此时，价值投资者对于行业生命周期的分析就十分必要了。

上文已经提到，按照市场经济周期，行业可分为3种类别，即成长型行业、防御型行业、周期性行业。那么本小节将会主要讲解行业生命周期的分析与类别。

行业生命周期是指行业从出现到完全退出社会经济活动所经历的时间。任何行业都必须经历一个生命周期：初创期、成长期、成熟期和衰退期。如图 7-2 所示。

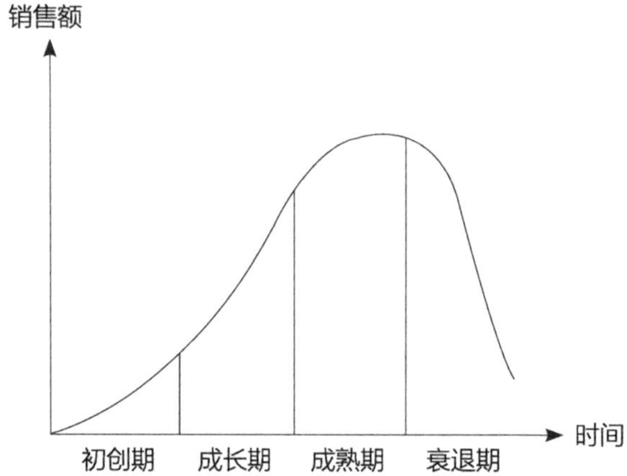

图 7-2　行业生命周期

初创期：这一时期的行业产品出现了大量新技术。新产品已开发但尚未批量生产，销售收入迅速扩大。这类公司的垄断利润很高，但风险也很大，而且公司的股价波动也很大。有两点需要关注：一个是关注行业的动态分析，另一个是关注不同地区或不同国家的分析。

在一般情况下，只有为数不多的风险基金会将资本投入刚刚启动的新兴行业。由于初创期行业内的公司所需的研究、开发费用较高，而产品市场需求较小，销售收入较低，这些刚起步的创业公司在财务方面有可能非但不盈利，反而会普遍出现亏损。

成长期：在此期间，市场增长率非常高，同时市场对于产品的需求也增长迅速，各个企业的技术逐渐趋于成熟。行业特征、行业竞争和用户特征越来越清晰，行业门槛越来越高，相关企业的产品和竞争对手的数量也在增加。

在成长期，各种技术已经成熟，产品市场已基本形成和扩大。公司的利润逐渐增加，公司的股价也逐渐上涨。在这个阶段，行业当中的领头者开始逐渐涌现。整个行业成长期可以进一步被细分为：高速成长期、稳定成长期和缓慢成长期。

应该说，处于成长期的行业内的企业数量是整个行业生命周期中数量最多的。图 7-3 所示的 4 个指标可以帮助投资者判断一个行业是否处于成长期。

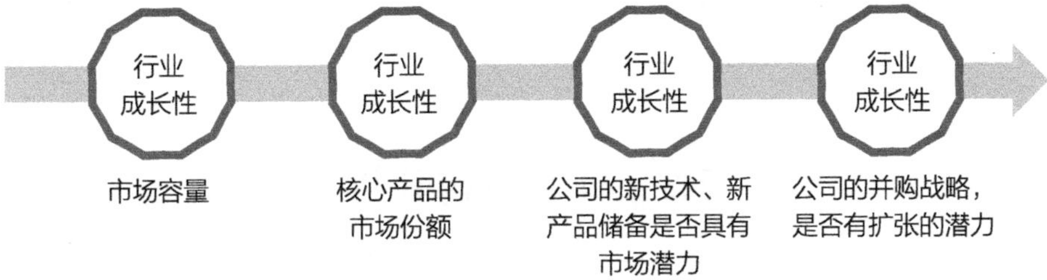

图 7-3　处于成长期企业的判断指标

成熟期：这一时期的市场基本达到饱和，市场增长率以及市场需求增长率都不算高，处于成熟期的各种企业技术上已经达到成熟，并且具有十分清晰的行业特点、行业竞争状况及用户特点。此时，买方市场形成，利润增长缓慢甚至出现停滞，新产品和产品的新用途开发更为困难，致使整个行业进入壁垒很高。

在行业成熟期期间，业内公司的产品更加标准化，公司的利润可能会达到顶峰。这时相关公司通常被称为“现金奶牛”。这也是指企业中的现金流源源不断。

衰退期：在此期间，行业内的生产能力过剩，大量的技术模仿使“替代产品”不断涌入市场，导致市场和需求增长率同步下降。通常情况下，行业衰退期会出现在行业时间较长的一段稳定期后。

由于处于衰退期的行业中新产品和大量替代品的出现，使得原行业的市场需求逐渐减少，产品的销售量也开始下降，某些厂商开始向其他更有利可图的行业转移资金，因而原行业出现了厂商数目减少、利润普遍下降的萧条现象。

至此，整个行业便进入了生命周期的最后阶段。在衰退期里，厂商的数目逐步减少，市场逐渐萎缩，利润率停滞或不断下降。当正常利润无法维持或现有投资折旧完毕后，整个行业便逐渐解体了。

虽然同一行业中不同公司的业绩表现不同，但这与行业的整体发展阶段有很大关系。当公司所处行业崛起时，行业内所有公司的增长情况都是乐观的；相反，当公司所处行业开始下滑时，即使一些公司能够做得好，行业内大多数公司整体情况也不容乐观。可以看出，投资于不同生命周期的公司的回报完全不同，在投资过程中，投资者应当密切关注行业生命周期的信息及其变化趋势。

7.2 行业结构分析

挑选企业的过程，也是分析企业、认识行业的过程。投资者对于行业的未来要有明确的判断。因为有一些行业本身就具有非常好的发展前景，所以对于行业结构的分析也是决定投资方向的一个重要环节。

在价值投资过程中，对行业的类别划分与行业周期有了解之后，就可以尝试进行行业结构分析。行业结构分析主要包含以下几种分析思维：市场类型分析、波特五力分析和行业特征分析。

7.2.1 市场类型分析

在某一市场中，按商家数量的多少与集中程度可以分为 4 种市场类型：完全竞争类型、垄断竞争类型、寡头垄断类型、完全垄断类型（如图 7-4 所示）。下文将针对这 4 种市场类型的不同点从其含义以及存在的条件、竞争方式等角度进行区分。

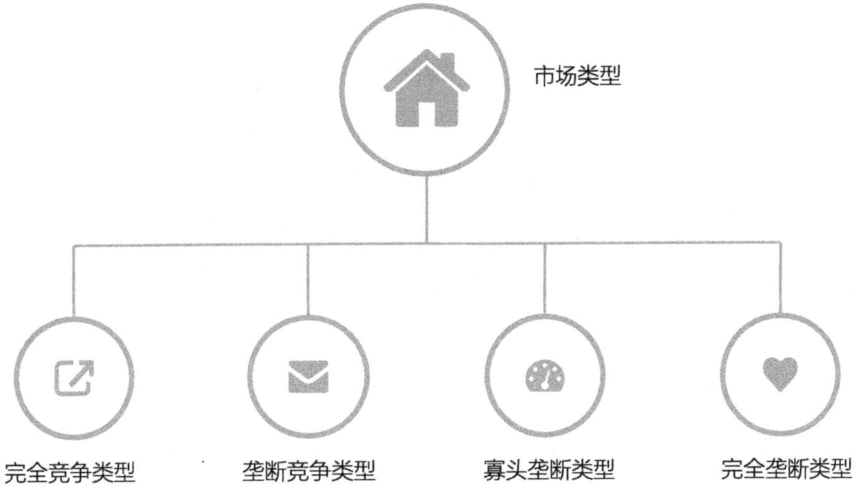

图7-4　4种市场类型

1. 完全竞争类型

完全竞争类型市场是指竞争充分而不受任何阻碍和干扰的一种市场结构。在这种行业结构中，每一个厂商提供的商品都是同质的，行业内所有的资源具有完全流动性，并且行业中的所有信息都是完全公开的。

在完全竞争类型行业当中不存在交易者的个性，不存在现实经济生活中的真正意义上的竞争。因而，可以说在现实生活中真正的完全竞争行业是不存在的。通常只是将一些农产品市场看成比较接近完全竞争市场。完全竞争厂商没有控制自己产品价格的能力，只能被动接受市场整体供求所决定的均衡价格。

完全竞争类型市场中生产者众多，生产资料完全流通，产品无差别。这类行业营业业绩波动大，无法长期获利，股票价格波动也比较大。

2. 垄断竞争类型

垄断竞争类型市场是指一个市场中有许多厂商生产和销售有差别的同种产品，是比较接近完全竞争市场的市场结构。在现实生活中，垄断竞争的市场组织在零售业和服务业当中十分常见。

垄断竞争类型市场当中的厂商经常会使用非价格竞争手段。其中，著名的美国经济学家张伯伦认为，在垄断竞争行业当中，销售量不但受价格的限制，而且受销售者的产品性质和广告支出的影响。垄断竞争是在能够自行决定价格的厂商之间进行的价格、质量、服务和广告的竞争。

垄断竞争不同于完全竞争也不同于完全垄断，而是指生产同种但是不同质量的产品，既有垄断又有竞争，例如啤酒、服装、电器等行业就是如此。这些行业内的企业对产品价格有一定的控制能力。对此，笔者的观点是：关注规模大、质量好、服务好、品牌响亮的公司。

3. 寡头垄断类型

寡头垄断类型市场又称为寡头市场，是指少数几家厂商控制整个市场的产品生产和销售的一种市场组织。寡头市场是比较接近垄断市场的一种类型。

寡头垄断类型市场当中的厂商使用价格竞争的手段。

在寡头市场上，寡头厂商能够以某种方式联手，使其共同利润最大化。为了实现这一目标，寡头厂商通常就价格、产量、市场等内容达成协议，以便协调行动。

简而言之，寡头垄断是指生产某种产品占据很大的市场份额的情况。它的特点是企业数量少、生产量很大、门槛很高、资金密集和技术密集。投资者可以多多关注诸如移动通信、汽车制造等行业。

4. 完全垄断类型

完全垄断类型市场是指整个市场中只有唯一一个厂商的市场组织。形成这种完全垄断类型的主要原因为：独家厂商控制了生产某种商品的全部资源或基本资源的供给；独家厂商拥有生产某种商品的专利权；政府的特许，使政府往往在某种行业实行垄断的政策；自然垄断。

完全垄断是指生产某种特别的产品，没有其他产品可以替代，其特点是市场被独家企业控制，其能够决定价格或产量，可获取超额利润。

在完全垄断类型行业中，厂商常用的竞争手段为价格歧视。价格歧视实质上是一种价格差异，通常是指商品或服务的提供者在向不同的接受者提供相同等级、相同质量的商品或服务时，在接受者之间实行不同的销售价格或收费标准的行为。价格歧视是一种重要的垄断定价行为，是垄断企业通过差别价格来获取超额利润的一种定价策略。

虽然垄断被广大消费者所厌恶，但是对于投资者却是一个很好的机会。我们投资股票就是要找具有垄断优势的行业或公司。当然完全竞争行业的公司，只要其足够优秀，其股票价格足够便宜，你就可以选择投资。

7.2.2 波特五力分析

相信许多投资者在加入投资大军时就对波特五力分析有所了解，在这里对其进行简单的讲解。迈克尔·波特在行业竞争五力分析的基础上制定了行业竞争结构分析模型，从而可以使管理者从定性和定量两个方面分析行业竞争结构和竞争状况。他认为产业中存在着决定竞争规模和程度的 5 种力量。

波特五力分析方式从一定意义上来说属于经由外部环境对整体行业进行分析的方法中的微观分析。波特五力模型用于竞争战略的分析，能够更加有效地分析各方的竞争环境。可以说，波特五力分析法是对一个产业盈利能力和吸引力的静态断面扫描，能够说明该产业中的企业所具有的平均盈利空间。

简而言之，波特五力分析是一个产业形势的衡量指标，而非企业能力的衡量指标。通常，这种分析法也可用于分析创业能力，以揭示企业在本产业（或行业）中具有何种盈利空间。所谓波特五力分析，也就是指图 7-5 所示的 5 种力量。

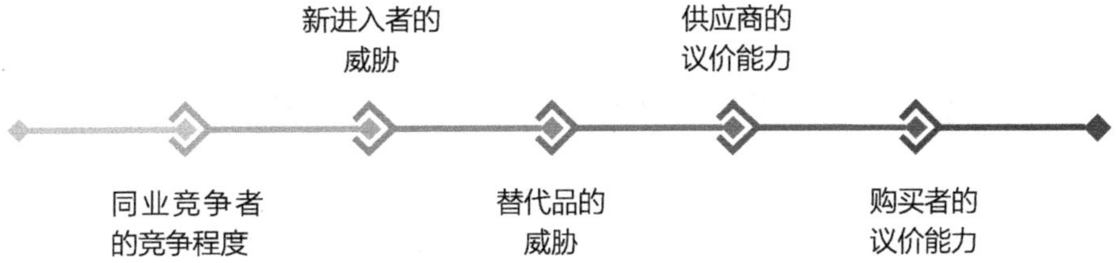

图 7-5　波特五力分析中的 5 种力量

1. 同业竞争者的竞争程度

大部分行业中企业的利益都是紧密联系在一起的，作为企业整体战略一部分的各企业的竞争战略，其目标都在于使自己的企业获得相对于竞争对手的优势，所以，在实施中就必然会产生冲突与对抗现象。这些冲突与对抗就构成了现有企业之间的竞争。

现有企业的竞争是一个普遍的现象。为了更高的市场份额，同类企业会展开各种竞争，如价格战等，会使企业利润急剧下降。企业之间的竞争常常表现在价格、广告、产品介绍、售后服务等方面，其竞争强度与许多因素有关。

一般来说，出现下述情况将意味着行业中现有企业之间的竞争加剧：行业进入障碍较低，势均力敌竞争对手较多，竞争参与者范围广泛；市场趋于成熟，产品需求增长缓慢；竞争者企图采用降价等手段促销；竞争者提供几乎相同的产品或服务，消费者转换成本很低；一个战略行动如果取得成功，其收入相当可观；行业外部实力强大的公司在接收了行业中实力薄弱的企业后，会发起进攻性行动，会使刚被接收的企业成为市场的主要竞争者；退出障碍较高，即退出竞争要比继续参与竞争付出的代价更高。

其中，退出障碍主要受经济、战略、感情等因素的影响，具体包括：资产的专用性、退出的固定费用、战略上的相互牵制、感情上的难以接受等。

2. 新进入者的威胁

新进入者在给行业带来新生产能力、新资源的同时，希望在已被现有企业瓜分完毕的市场中赢得一席之地。每个行业在具备独特优势的企业新进入时，无论在价格和利润上都会遭遇巨大的冲击，但是行业门槛越高，进入者的威胁就越小。

竞争性进入威胁的严重程度取决于两方面的因素，如图 7-6 所示。

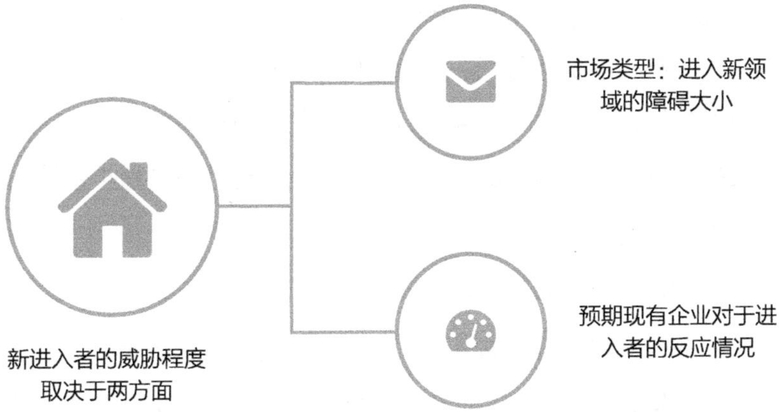

图 7-6　竞争者威胁严重程度分析

进入障碍主要包括：规模经济、产品差异、资本需要、转换成本、销售渠道开拓、不受规模支配的成本劣势、自然资源、地理环境等方面。有些进入障碍是很难借助复制或仿造的方式来突破的。

预期现有企业对进入者的反应情况，主要是采取报复行动的可能性大小，其取决于有关厂商的财力情况、报复记录、固定资产规模、行业增长速度等。总之，新企业进入一个行业的可能性大小，取决于进入者主观估计进入所能带来的潜在利益、所需花费的代价与所要承担的风险这三者的相对大小情况。

3. 替代品的威胁

两个处于同行业或不同行业中的企业，可能会由于所生产的产品是互为替代品，从而在它们之间产生相互竞争行为。这种源自于替代品的竞争会以各种形式影响行业中现有企业的竞争战略。如果一个行业出现替代品，就会面临着相关行业的竞争，往往会形成许多无形的压力和动力，通常会带来以下影响：

（1）现有企业产品售价以及获利潜力的提高，将由于存在着能被用户方便接受的替代品而受到限制；

（2）由于替代品生产者的侵入，现有企业必须提高产品质量，或者通过降低成本来降低售价，或者使其产品具有特色，否则其销量与利润增长的目标就有可能无法实现；

（3）源自替代品生产者的竞争强度，受产品买主转换成本高低的影响。

总而言之，替代品价格越低、质量越好、消费者转换成本越低，其所能产生的竞争压力就强，而这种来自替代品生产者的竞争压力的强度，可以具体通过考查替代品的销售增长率以及替代品厂家的生产能力与盈利扩张情况来加以描述。

4. 供应商的议价能力

供方主要通过其提高投入要素价格与降低单位价值质量的能力，来影响行业中现有企业的盈利能力与产品竞争力。供方力量的强弱主要取决于其所提供给买主的是什么投入要素，当供方所提供的投入要素的价值构成了买主产品总成本的较大比例、对买主产品生产过程非常重要，或者严重影响买主产品的质量时，供方对于买主的潜在讨价还价力量就大大增强。一般来说，满足如下条件的供方集团会具有比较强大的讨价还价力量：

（1）供方行业为一些具有比较稳固市场地位而不受市场激烈竞争困扰的企业所控制，其产品的买主很多，以至于单个买主不可能成为供方的重要客户；

（2）供方各企业的产品各具有一定特色，以至于买主难以转换或转换成本太高，或者很难找到可与供方企业产品相竞争的替代品；

（3）供方能够方便地实行前向联合或一体化，而买主难以进行后向联合或一体化。

5. 购买者的议价能力

购买者主要通过其压价与要求提供较高的产品或服务质量的能力，来影响行业中现有企业的盈利能力。如果你的销售渠道只有一种，那么在市场变为买方市场后，你在销售谈判的时候，就会丧失主动权，而买方可以随意压低价格。影响购买者议价能力的主要原因如图 7-7 所示。

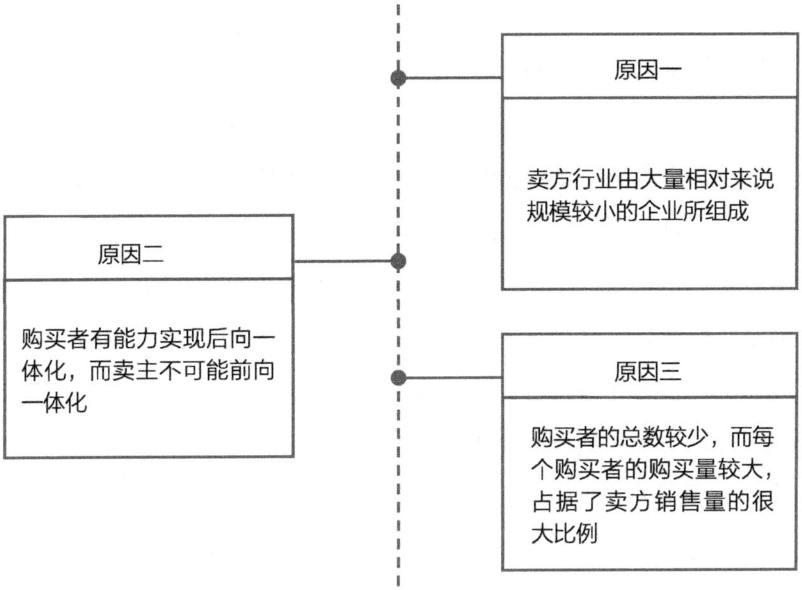

图 7-7　影响购买者议价能力的主要原因

7.2.3　行业特征分析

行业类别、周期的分析能够帮助我们更好地选择方向。我们在对行业进行分析的过程中，还应当整体观察行业的不同特征。分清不同的行业特征，也是在选择投资方向这一方面不可或缺的环节。

（1）竞争特征：充分竞争还是寡头垄断，竞争者的大致数量，是否具有潜在的有力竞争者。

（2）周期性特征：区分周期性行业与非周期性行业是投资的行业分析的重点之一。有不少价值投资者片面地将高增长、低市盈率的周期性公司当作持续成长的公司长线持有，十分容易掉入陷阱。

（3）需求特征：分析行业中的产品是否为刚需，是否有替代品出现。同时，投资者应当关注产品消费者群体的稳定性和变化趋势。

（4）增长特征：分析行业的增长稳定性。例如，电影、游戏行业出爆款可能表明企业增速很快，但其稳定性不强。

（5）商业模式的变化特征：分析行业内是否出现了商业模式的变化。例如，互联网化的电商模式、传统行业的加盟模式、外包模式等。

（6）行业的壁垒特征：分析该行业的进入门槛高低。例如，餐饮行业进入门槛就相对要低，而金融行业的进入门槛就相当高。

（7）行业上下游特征：主要看行业本身是否直接面对 C 端还是 B 端，行业的上游是否分散，并分析该行业对上下游的控制力如何。

（8）季节性特征：是否有季节性因素影响。例如，有很多公司受收入确认的影响，往往下半年利润高于上半年利润。

行业分析只是有助于我们选择更好的板块，重点还是公司，个人更应关注一家公司在行业的地位。比如，相关公司是否具备寡头垄断的基础，以及对上下游的控制力。这些通过相关公司的往来款（应收应付、预收预付等）就很容易发现。

笔者个人更喜欢防御型行业，例如消费行业、医疗行业等属于防御型行业。当然，不同的投资者，其所喜好的风险程度不同，相应的行业偏好也会有所不同。

7.2.4 股民必备行业分析要诀

通过上文对于行业分析的理论性讲解，相信大家对于如何分析行业，以及如何通过分析行业选择具体的投资方向已经有所了解。在这里，笔者也结合近些年的国内市场，总结了一些自己在多年的价值投资过程当中认为可供参考的行业分析要诀。

2017 年 3 月左右，国内的白酒板块异军突起。记得早在 2016 年笔者为网友解答的过程中就已经提到白酒行业的拐点已经出现。当然，股价的表现和拐点判断是有一个时间差的。有时是股价先涨，然后是行业转好；有时是行业转好，见到利润之后，股价再涨。从投资者布局的角度来说，当然是先掌握行业规律，然后主动布局，因为市场抛弃导致估值低时积极买入，等待主力给你抬轿拉升是最好的选择。

正如上文中提到的，一个行业一般情况下分为4个发展阶段：初创期、成长期、成熟期、衰退期。但是理论是理论，实践是实践，有些科技产品从初创期直接到了衰退期，有些新产品初创期十分漫长，例如万艾可，一直到过了专利期，都没有能够在中国市场中发展起来，但是一旦各地药厂都出现了模仿产品，就会导致产品的成长期非常短。再如，我国的电视行业刚刚进入衰退期，由于一个新的互联网智能技术的回潮或者改进，其立刻又步入了成长期。

2017年，我国出现了一些热点持续走低的行业，如VR（Virtual Reality，虚拟现实技术）、AR（Augmented Reality，增强现实）行业等。这些行业的走低在一定程度上表现出了全行业的衰退，相关企业表现也很是低迷。虽然目前有很多人认为VR、AR行业的发展前景黯淡，但笔者个人的看法是：这只是初创期跳入成长期的必经之路，因为如今一体机和眼镜的硬件基础有了，但是客户体验还是不完备，成本也很高，有一些便宜的近似产品充斥市场进一步恶化了客户体验，技术差别也不大。这些劣势都源于如今技术还未被很好普及化应用。

例如，口袋妖怪作为一种AR如今在国外还是受很多人追捧的，但是事实上，这个口袋妖怪作为AR只是一个手机功能的补充，没有对专用设备的需求。因为相应的网络和设备性能还不能满足现有的需求。

但是，人类天性爱娱乐，例如阿里巴巴的小游戏，虽然这些游戏的性能都很一般，但是它们有一个共同的特点，即这些游戏都是社交带动的。我们反过来看我们历史上的几个小游戏，如《魔兽世界》和《梦幻西游》，在PC端早期这两个游戏都是非常热门的游戏，无论从画质还是玩法角度看，《魔兽世界》都是非常好的游戏经典，但是其在早期和《梦幻西游》国产游戏竞争的时候基本上属于相持的状态。以《梦幻西游》为代表的国产游戏，大多数就是以社交带动的，即使效果并不是很高端，照样赚得盆满钵满。

那么诸如 VR、AR 如果在网络互动上逐渐演进，例如有了联网游戏，那种单调的打怪升级都有人玩，何况是一个拿着剑的游戏呢？所以我们认为虚拟现实技术如今是初创期的末端，正在等待新的契机，在 4G 演进的后半段或进入 5G 后，由于网络性能的提高，一些早期的热门玩法会出现。当然进入新成长期需要时间。

那么现在市场热议的人工智能如今处于什么发展阶段呢？人工智能如今也是初创期，很多技术的成熟度在逐步提升，但是人工智能的导入热度会比较久一点，因为人工智能技术积累已经很久，更早的语音类人工智能的研究可以追溯到 20 世纪 80 年代，所以仅从机器学习和机器语音和识别角度看，有一定的技术可靠性。

很多的新兴科学技术在初创期的后半段都会经历衰退，但是这种衰退的意图是等待——等待洗牌，等待配套的设施，等待更好的芯片。但是最终它们会突破临界点，逐渐开始成为社会必需品。

所以，投资者系统地学习和了解一个行业的发展规律非常重要。上文以及笔者个人对行业的分析就是为了让更多市场内的价值投资者学习行业和企业的发展规律，让投资者系统化地掌握股市投资的规律，从而有利于自身在股市中盈利。

7.3 守好自己的能力圈

投资的两端分别是分析和交易，而连接这两端的是等待。投资分析的核心是商业理解力和概率思维，投资交易的核心是赔率和逆向思维。这里所说的等待应包括图 7-8 所示的两个重点。

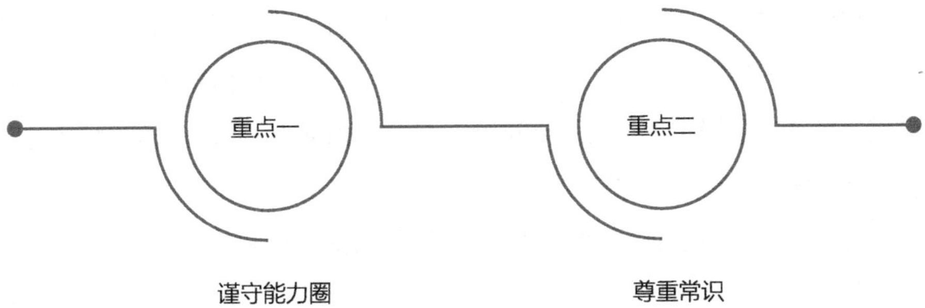

图7-8　投资中等待的两个重点

从长期来看，优秀的交易无法挽救糟糕的分析，优秀的分析却可能毁于糟糕的交易。然而相比之下，无论是持股还是持币，最难的还是学会等待。

芒格曾经说过："谁能告诉我，我将死在哪里，我就永远也不去那里。"这句话翻译过来就是，永远不要做自己不了解的事情，不要做超出自己能力圈范围的事情，否则你将不知道自己是怎么亏损的。

如果投资者都能够守好自己的能力圈，不买入超出自己能力圈范围的股票，那么其亏钱的概率就会大大地降低。在股票市场里就是这样，不是赚钱就是亏钱，那么如果你能够保证自己不亏钱，就说明你已经战胜了80%的市场参与者。

7.3.1　何为能力圈

"能力圈"是巴菲特提出的一个投资原则。巴菲特曾经在自己的书中提到自己投资成功最重要的一点就是能力圈原则："投资者真正需要具备的是对所选择的企业进行正确评估的能力，请特别注意'所选择（selected）'这个词，你并不需要成为一个通晓每一家或者许多家公司的专家。你只需要能够评估在你能力圈范围之内的几家公司就足够了。能力圈范围的大小并不重要，重要的是你要很清楚自己的能力圈范围。"

从巴菲特的经历中可以看出，能力圈简单来说就是在自己的能力范围内寻找优秀的投资标的，做到"不懂不投，不熟不做"。

可以说，做投资的要诀就是建立一个可以理解企业的能力圈。圈子的主要功能有两个，即容纳和边界。如果没有容纳只有边界，那么就是你无法理解企业价值，容不下牛股；如果只有容纳没有边界，则你会超出自己的能力范围投资，最终会伤害自己。

在笔者个人看来，如果你本身是一名以能力圈为约束的投资者，显然，如果现在的热点是在你的能力圈之内，并且你已经早就研究过，那么恐怕你早就买入了，甚至已经满仓了，完全不存在追涨的问题。如果你看到的热点，本身并不在你的能力范围之内，那么这个热点，本质上跟你没有任何关系，看到了也就是娱乐一下而已，与看不见没有什么区别，因为本身不了解，就不应该去投资。

7.3.2 打造自身能力圈

在纷繁的投资市场当中，行业的分类十分广泛，行业也包含了社会中的“三百六十行”，每一行都具有可以投资的机会。但是，每一个投资者的精力是有限的，能够用于投资的资金也十分有限。因此，按照“投资大师”们提出的“打造自己的能力圈”的投资策略是价值投资者们必备的一项技能，同时也是一条捷径。

其实在上文中对于行业的各种层面分析就是在为建立自身能力圈进行基础铺垫，对于打造自身的能力圈，巴菲特也曾在自己的传记中提到如何画出适合的能力圈：“围绕你能够真正了解的那些企业的名字周围，画一个圈，然后再衡量这些企业的价值高低、管理优劣、出现经营困难的风险大小，排除掉那些不合格的企业。”

从巴菲特的投资经历中也能看出其对于自身能力圈的把握。巴菲特致力于分析自己能力圈以内的行业，对于能力圈以外的公司，无论别人怎么看好，他都根本不理，哪怕错过再大的赚钱机会，也不会后悔。虽然他也曾说过这样一番话："我错过了参与投资手机的好机会，因为手机行业在我的能力圈之外。"但是对自己能力圈以内的公司，巴菲特会拼命努力对其进行研究分析："我将会每次选择一个行业，逐步成为能够相当精通 6 个行业的专家。"他这一观点对笔者的投资经历的影响很大。

很多投资者都会有这样的想法：能力圈是个很"虚"的范畴，打造能力圈更是难上加难。但是，实际上所谓"打造自己的能力圈"，就是说要把精力集中在一个或几个经过自己对其深度研究的行业领域，并且不断对它进行跟踪研究，达到对它了如指掌的程度，以使自己能够随时把握和准确判断该市场或行业领域出现的新趋势，最大效率地利用该板块相关个股的市场机会，更好地做出正确的投资决策。

在国外成熟的股票市场，证券分析师都是以行业来划分的，例如金融业证券分析师、房地产业证券分析师、通信业证券分析师等。这些行业证券分析师只专注于自己的能力圈，在自己的能力圈内分析趋势，寻找投资成功的确定性。

反观我国股市的投资者，当前有这种意识的人不多，而这样做的人更少，不少投资者都会片面地认为找寻能力圈等同于不敢走出舒适圈、不敢冒风险、怯懦。其实，在笔者看来，大多数投资者来自各行各业，可以说都有自己比较熟悉的细分市场或行业领域，如果善于培养自己的能力圈，对自己的投资只会有百利而无一害，而那些不清楚自身实力，什么股票都买入、卖出的投机者，才容易在投资市场当中迷失自我，最终以亏损收场。

对于投资者来说，想要选择优秀的企业，就要坚守自己的能力圈，不要试图从自己完全不了解的行业当中选择一个优秀的企业去投资，不熟悉的领域就容易犯错误。因此，下功夫进行行业深度研究，在研究过程中逐步打造自己的能力圈，在自己的能力圈内施展才能才是正确的做法。有所为、有所不为，才能集中精力和资金把投资收益做到最大化。

7.3.3 巩固自己的能力圈

判定自身的能力圈范围，打造适合自己的能力圈之后，投资者还需要不断巩固自己的能力圈。笔者身边有不少来自各个行业的朋友都投入到了证券投资市场当中，那些将自己投资爱好与专业知识结合起来的朋友不仅本职工作做得有声有色，而且在投资当中也是如鱼得水。

在笔者个人看来，能力圈就如同是朋友圈一样，关键不在于“朋友”的多少，而在于圈中的“朋友”是否为精品。正如“拥有一个真正的好友足够你幸福一生”这句话所说的一样，选择一个自身能力圈内的好公司就足以让你享用一辈子了。

1951 年，20 岁的巴菲特发现自己的老师格雷厄姆是 GEICO 公司（美国第四大汽车保险公司）的董事会主席后，开始对这家公司产生了兴趣。对此，巴菲特也多次说过：“我 20 岁时把自己一半的财产都投资到了 GEICO 股票上。对你的能力圈来说，最重要的不是能力圈的范围大小，而是你如何能够确定能力圈的边界所在。如果你知道了能力圈的边界所在，你将比那些能力圈虽然比你大 5 倍却不知道边界所在的人要富有得多。”

价值投资并不是具体的某一个估值公式、某一只大牛股，而是悟出你的能力圈，悟出你看得懂什么行业，如何去做，如果调整自我。正如笔者曾经说过的那样：“成功投资人的优点是执着，失败者的缺点是好高骛远、超越自己的能力圈。”

7.3.4 坚守自己的能力圈

投资者不但要建立、巩固自己的能力圈，还要严格执行能力圈的原则，做到知行合一。有些投资者虽然在自己的能力圈范围内投资，但由于人性上的弱点，没有做到知行合一，最后反而把投资做砸了。

纵观巴菲特过去 40 多年的股票投资组合，你会发现巴菲特长期持有自己从小就非常熟悉的公司：他 6 岁就卖过的可口可乐，他 13 岁开始做报童送了 3

年的《华盛顿邮报》，他经常使用其信用卡的美国运通，他天天用的吉列剃须刀……几乎没有一家是高科技企业。

20世纪90年代后期，赶上网络高科技股大牛市，巴菲特却一股也不买，尽管这让他在1999年的盈利率只有0.5%，而当年股市大涨21%。结果从2000年开始，美国股市网络股泡沫破裂，股市连跌3年，跌幅超过一半。巴菲特这3年却盈利10%，大幅跑赢市场。

这正是体现了巴菲特自制力强，总是坚守自己的能力圈："对于大多数投资者而言，重要的不是他到底知道什么，而是他们是否真正明白自己到底不知道什么。我并不是一个天才。但在某些方面相当擅长，我就一直专注于这些方面。我认为这同样适用于股票投资。"

同时，巴菲特还解释说："我们努力固守于我们相信自己可以了解的公司。这意味着那些公司具有相对简单且稳定的特征。如果企业业务非常复杂而且不断变化，那么我们就实在是没有足够的聪明才智去预测其未来现金流量。碰巧的是，这个缺点丝毫不会让我们感到困扰。对于大多数投资者而言，重要的不是他到底知道什么，而是他们是否真正明白自己到底不知道什么。只要能够尽量避免犯重大的错误，投资者只需要做很少几件正确的事情就足以成功了。"

可以看出坚守自己的能力圈是指，要永远只在自己熟悉的领域内投资，不管你的能力圈有多小，坚持自己能够理解的范围，只投资自己了解的企业。对于不熟悉的行业，投资者只有图7-9所示的两个选择。

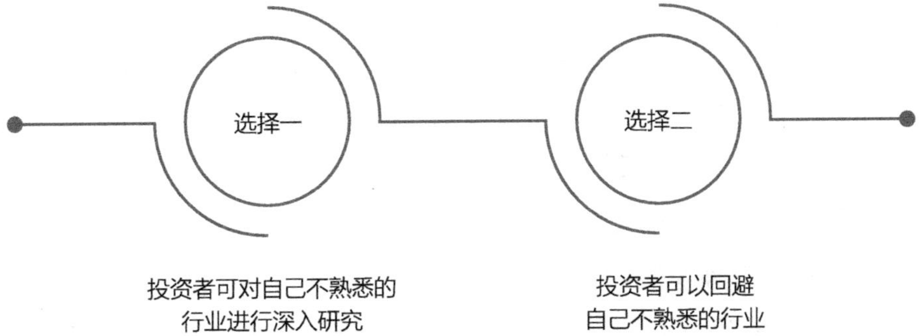

图7-9　面对不熟悉的行业时投资者的选择

可以这么说，在行业研究过程中要对外扩展自己的能力圈，但在投资时却一定要恪守自己的能力圈。

巴菲特始终坚持的能力圈原则的最大困难在于能够抵挡住为了追逐更多利润跨出能力圈的诱惑。对此，他曾说："我虽然可以将资金投到科技股上，但实际上我并不知道如何具体运用。我确信比尔·盖茨运用的是和我们同样的投资原则。他理解高科技企业的方式与我理解可口可乐或吉列公司这些传统企业的方式一样。我可以肯定地说，他同样也是在寻找一个投资的安全边际，我可以肯定，他估算安全边际时，就像他拥有整个企业一样，而不是仅仅拥有一只股票。所以，我们的投资原则对于任何科技股都同样适用。只不过我们并不是能够把这些原则具体运用到科技股上的人而已。如果我们在自己的能力圈里面找不到值得投资的企业，我们并不会因此就去扩大我们的能力圈，我们只会选择耐心等待。"

事实上，在投资领域，研究能力越强的人，其能力圈越大，越容易认为自己无所不能，反而容易犯下逾越自身能力圈的错误。盲目高估自己的能力是人类的通病，有成就的投资者更容易犯这种错误。因此，对现有能力圈的超越也是任何投资者身上不可遏制的冲动。这也是"投资大师"们反复强调要坚守自己能力圈的原因所在。

7.3.5 不断拓宽的能力圈

坚守自己的能力圈，不是说只买一两只股票。认识、坚守自己的能力圈，更不意味着固步自封、一劳永逸，而是要通过不断学习，提升自己的认知、知识，来不断地扩大自己的能力圈。一个人的认知能力、专业能力、投资知识，也是可以在不断的学习中逐步拓展的。世界是不断变化的，只有不断学习、拓展能力才能适应这个不断变化的世界。

笔者曾经多次在公开课以及博客、论坛中提到，不断学习一定是拓展能力圈的一个最重要的手段。在一个行业的相关知识和发展方向上，不断去学习、去提高、去交流，并且能够持续下来，才能形成积累。我们投资讲复利，我们在学习过程中不断持续，其中也有复利效果的产生。

通过分析巴菲特的投资经历，我们也能够看出拓宽能力圈的重要意义。巴菲特近年来开始投资并逐步重仓苹果，就是他通过学习拓展自己的能力圈从而适应这个变化了的“新世界”的最新案例。其实，早在 2011 年，从来不买科技股的巴菲特就买入 107 亿美元的 IBM 股票。这就是他通过不断扩大能力圈而做出来的投资决策。

近年，巴菲特多次提醒投资者，现在的世界已经是一个变化了的“新世界”。那么，这个变化了的“新世界”在投资领域有什么特点呢？你只要看一下现在美股市值排名前 5 名的股票就知道了。前 5 名无一不是大型科技股：苹果、谷歌、微软、亚马逊、Facebook。这 5 只科技股就占了美国股市总市值的 10%。

正是因为不断学习，巴菲特才能够拓展能力圈，才做出买入苹果等科技股的决策。巴菲特在提到自己投资苹果公司的原因时说：“说到底，苹果更多是只消费股，从某些经济特征来看，苹果更多是一家消费品企业。”他认为，苹果是具有消费黏性的科技消费股，这能够理解，所以他才不断买入使其成为其第二重仓股。

巴菲特不断拓展自己的能力圈，给了我们普通投资者一定的启示。实际上，国内有不少价值投资者动辄以贵州茅台作为价值投资楷模，多年来的价值投资分析与实践始终离不开贵州茅台的圈子。我们也应该不断反思，不断学习，扩展自己的能力圈，创造出具有新时代特色的价值投资理论。

另外，投资者只有通过不断学习，努力建立和拓展自己的能力圈，并严格执行能力圈的原则，做到知行合一，不断克服人性的弱点，积极主动地规避风险，才能实行资产的保值、增值，提高投资收益。

7.4 用五步法选择行业方向

上文大多是基于行业分析框架的讲解，一般来说分析得越透彻，越有益，但是过于冗长的分析往往容易使人忘记最初的分析目的。市面上有太多篇幅数十页的行业分析研报，投资者所要做的就是从中找出最需要的部分。因此，投资者不仅需要构建行业分析的基本框架，同时还需要能够将所搭建的框架以及基础知识应用到价值投资的实战当中。

图 7-10 所示为笔者个人总结的用于选择行业方向的“五步法”。

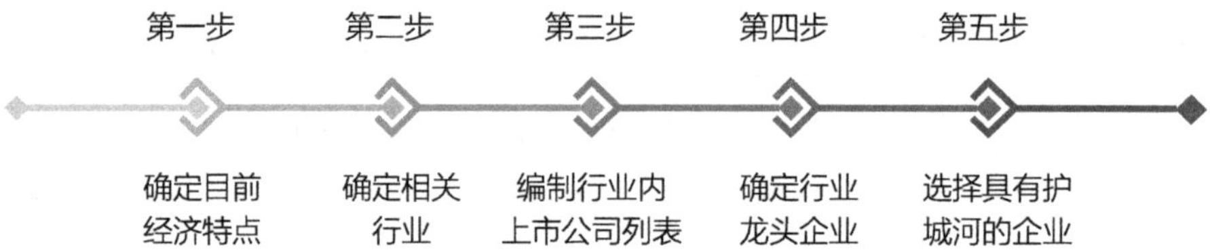

图 7-10　用于选择行业方向的“五步法”

7.4.1 确定目前经济特点

进行行业分析的第一步就是要确定国内目前的经济特点，例如 2017 年过剩产能供给侧改革导致了资产价格出现逆转，而民营企业由于上游成本的抬高，使低质低价消费品的生产商利润被挤压，出口压力更加沉重。

投资过程中想要确定目前国内的经济特点，可以参考政策导向。国家鼓励支持的行业更容易获得资金的支持，国家政策是影响行业发展的重要因素，因此，投资者要关注国家政策支持的行业，如战略性新兴产业等。例如，近几年的芯片行业、5G 网络行业、新能源汽车行业等都有国家政策的扶持。但要注意的是，在股票二级市场很容易形成概念，造成讲故事多于讲内容的情况。

同时，近些年我国消费水平升级，消费类行业自然随着国民收入的提升而进行升级，这其中也或多或少涉及国家的管控。

这样你就得出了基本上的行业方向，一个是做周期的行业，另一个是做高附加值的行业。这里面很可能含有假大空的虚假内容，但是基本上可以让你避免进入一个完全夕阳的产业，耗费资金和精力。

7.4.2 确定相关行业

确定相关行业十分重要，你需要让一个行业尽可能地细分。判断两个企业是否是同行业，看这两个企业产品有没有替代性，即“我可以占有你的市场，你可以占有我的市场”，这才是同行业。而如果是一家粗钢企业和一家铸铁管企业，虽然都是钢铁业，但实质是没有交叉的。所以，这一步的内容我们要剔除出特质型的企业，让整个行业的企业列表看上去符合逻辑。

在确定相关行业以及产品的过程中，经由上文的种种知识讲解以及实战技巧，总结出图 7-11 所示的几点选股逻辑。

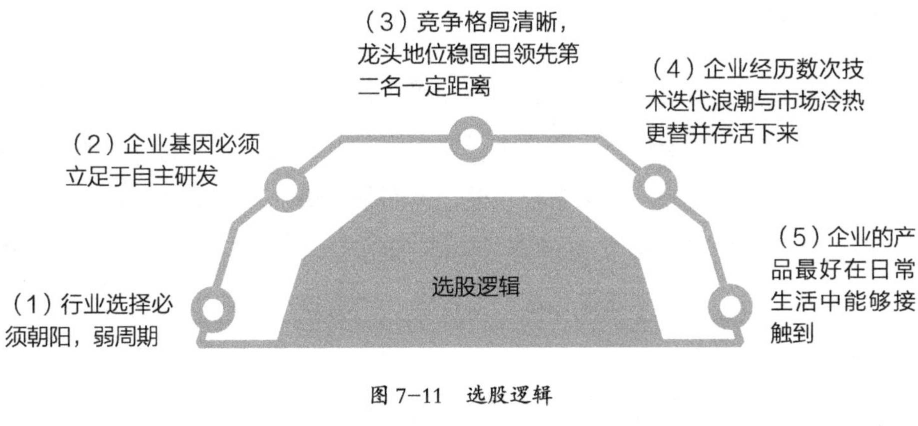

图 7-11　选股逻辑

7.4.3 编制行业内上市公司列表

你需要做一个巨大的行业内所有上市公司的列表。这个列表属于同一个细分行业，所有的企业产品之间都有竞争性。然后，你要问自己一个问题，这个行业的产品有新产品取代吗？新产品将全行业产品取代的事情时有发生，因为科技发展日新月异，所以这也是你验证行业质量的一环，如果有新产品取代，就换一个未来会取代这个行业的企业列表；如果没有，把这些企业市值从大到小排列，并且找到市值最大的一家，同时再用营业收入排序，看市值最大的企业是不是同样营业收入最多。

一般情况下，市值最大企业的营业收入也是行业内数一数二的，如果有特殊情况，则选择营业收入最高的两家公司，并对自己提出两个问题：这个行业是否受规模壁垒的影响？这两家企业是否为这个行业的市场支配者？

通过制作行业内上市公司列表，投资者能够更加明确自己究竟有哪些选择，在确定最终投资股票的时候能够做到心中有数。

7.4.4 确定行业龙头企业

在分析行业投资方向时，投资者应当确定行业龙头企业，并且如果了解到龙头企业具备规模壁垒优势，就基本可以稳定持有龙头了。一般情况下，龙头企业股价的波动幅度较小，未来很稳健，然而某些情况下事实可能并非如此。一个龙头企业可能只占有 10% 的市场份额，而后面几位都占有 7% 或 8% 的市场份额，龙头行业优势不明显，例如银行业；或者这个行业本来就不靠规模，例如创意产业。

如果大公司不具备竞争优势，那么就放弃找大公司，寻找小公司。市值从下往上找，由于没有规模壁垒优势，这个行业新进入者比较容易做到中等规模。小公司也有灵活的优势，例如，掉头迅速、转型简单等。投资者应该注意的是，市盈率、市净率或者市销率应当符合自己心中的逻辑，不要过于冒险。

7.4.5 选择具有护城河的企业

在列出的企业当中选择具有强大护城河也就是具备竞争优势的上市公司。在选择公司之前，首先打开这家目标公司的网站，查看其财务报表、新闻内容，做下一步细化分析。

散户掌握的信息渠道有限，应当多去投资者互动平台看看互动信息，以更加深入到企业信息当中。

行业分析最重要的两个部分如图 7-12 所示。

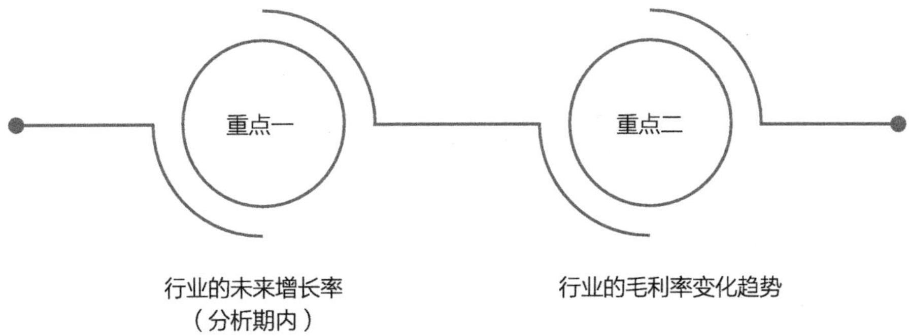

图 7-12　行业分析的两个重点

这两点是行业分析所要关注的最重要的要素，如果无法对增长率和毛利率两个要素给出预测，那么分析就是不完全的。在这样的框架内，问题是有层次而且是自上而下的，剩下的问题都需要围绕上述两个问题展开。

所有行业分析的点，基本上要么归结为对未来增长率的判断，要么归结为对未来毛利率的判断。对于增长率的判断包括：对历史增长率、发达国家市场规模、国家对行业的规划，业内人士的判断等。对于毛利率的判断包括：对行业门槛、上下游议价能力、技术进步的可能性、替代者的替代效应、不同公司的产品同质化程度的判断等。

上述五步法纯为笔者总结的方法论，具体行业还是要根据行业的特点，进行具体的行业分析。

第8章 银行业

考查银行赚钱能力的财务指标主要是市净率和净资产收益率。国际上，净资产收益率超过15%的银行算“合格”，而超过18%的银行才算“优秀”。

8.1 发展境况

银行业可以说是所有行业的起源，无论哪种行业的兴衰都与银行业有着密不可分的关联。那么，在选择银行业进行投资之前，投资者首先应当了解一下我国银行业的近况。

纵观近10年来的我国银行业，从各种数据中基本可以看出，我国银行业整体的经营收入处于缓慢增长的阶段当中。同时，在银行利息收入占比不断下滑、利息收入规模增长缓慢的趋势之下，银行发展非利息业务成为推动营业收入增长的不二之选。

已公布的数据显示，从2011年起的5年内，银行业的营收呈现逐年上涨的趋势，但在2015年之后营收增速有所放缓。

自从2017年之后，各类商业银行的营业收入增速开始出现整体下降，银行业2018年的营收增速下降到了2.72%。从整体上看，国有商业银行的营收增速较慢。银行营收增速的差异与各类型银行的体量有关系，大型国有商业银行体量大，营收保持高速增长已经不太现实。

如今，电子支付快速崛起，微信、支付宝已经大规模普及，蚂蚁金服已经成为互联网金融第一“独角兽”，2018年估值约1 500亿美元，折合人民币约9 450亿元。

在电子支付领域，互联网金融诞生了很多“独角兽”。可是，作为整个金融体系的底层架构，银行业真的会被替代吗？从客观理性的角度看：并不会。这个领域，有着极高的天花板、护城河，支付宝、微信根本无法与其相提并论。

8.2 商业模式

银行这个商业模式经营了几百年，一方面，银行用信用担保的方式，用较低的利率从储户手里借钱，叫作负债；另一方面，银行把借来的钱用较高的利率借贷出去，叫作资产，并从中间赚取差价，这个差额就是银行的主营业务收入，也叫净利息收入，可以用下面的公式表示：

$$\text{净利息收入}=\text{资产}-\text{负债}$$

当然银行的资产负债也并非全部来自储户，也包括向其他的银行拆借资金，或者投向高级债券等。这些业务都能够赚取净利息收入。在此基础上，银行还会衍生出中间业务，例如基金的托管费、银联机具的手续费等。

中间业务就是除利差收入以外的收入。

到目前为止，我国银行的利息收入仍然是其主要收入，虽然随着这几年银行业的发展，中间业务收入在逐年增加，但是其占比还是偏低的。银行股的投资者更加喜欢中间业务收入占比高的银行，其最重要的原因就是中间业务收入稳定，不用担心坏账出现。

银行乃百业之母，由于这个商业模式受众广泛，所以国家对其实行严格监管，以防范金融风险的发生。

虽然银行的经营基础建立在货币之上，但是银行确是典型的服务业，即第三产业。银行是信用中介，卖的是服务，经营的是信用。

银行无论能否收回贷款利息，都必须兑付客户的存款，银行自己承担贷款等资产端的坏账，所以说银行是信用中介。

8.3 核心投资逻辑

在整个 A 股市场中，面对数十家上市银行，筛选投资标的成了一件很困难的事。很多时候，你会绕在银行业的各种各样的比率中，例如不良贷款率、拨备覆盖率、核心一级资本充足率……不知如何选择。

我们通过对比研究工商银行、农业银行、中国银行、建设银行、交通银行以及招商银行的案例，来揭示一下银行业的投资逻辑。

银行业分析主要从净利润和净收入两个指标入手。这也是银行业投资的核心逻辑。净利润和净收入的计算公式如下：

净利润 = 净收入 − 成本 − 拨备

净收入 = 利息净收入 + 非息净收入 =

生息资产日均余额 × 净息差 + 非息净收入

在上述两个公式里，决定性因素为拨备、净息差和资产规模。

需要特别说明的是，笔者把成本项排除在决定性因素之外，原因是银行管理费用较为稳定，以 2017 年披露的数据举例来看，工商银行、农业银行、中国银行、建设银行、交通银行以及招商银行六大银行 2017 年管理费用占营收比例最低为 24%、最高为 33%，相差不大。

非息净收入占比也排除在外，因为除农业银行外，其他 5 家上市银行的非息净收入占比均在 18.5% ~ 20%，难以突围形成竞争优势。另外，股份制银行非息收入很多是由利息收入“转化”而来的，即通过“财务顾问费”“咨询费”等科目变相收取利息费用，其真实性要大打折扣。

为简化投资决策模型，最终把资产规模、净息差、拨备（资产减值损失）3 项财务指标作为决定性因素。这是银行业投资的核心逻辑，如图 8-1 所示。

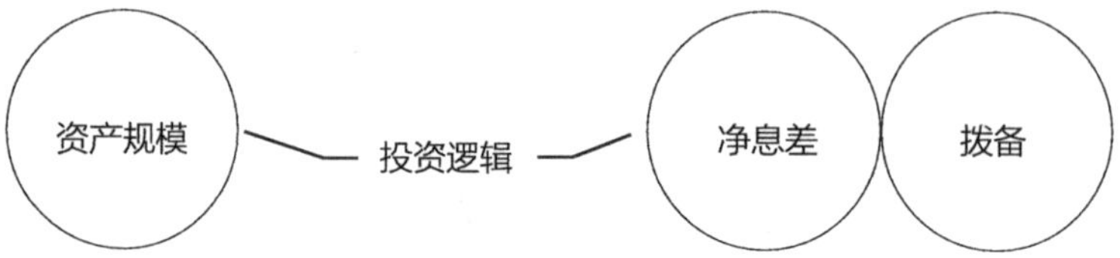

图 8-1 银行业投资的核心逻辑

8.3.1 规模因素

银行的规模因素涉及资产规模和存款规模两个维度。下面将进行一一介绍。

1. 资产规模

银行业具有规模效应，大到一定规模的银行大而不倒。2017 年，六大上市银行的资产规模排序是工商银行、建设银行、农业银行、中国银行、交通银行、招商银行。资产规模最大的为工商银行，资产规模最小的为招商银行，招商银行规模约为工商银行规模的 25%。

从资产增速来看，2013—2017 年，工商银行、建设银行、农业银行、中国银行、交通银行的平均总资产规模增速分别为 11.34%、10.09%、11.47%、11.14% 和 7.00%，2017 年以前保持平稳，但猛烈的去杠杆和紧信用导致银行资产规模增速在 2017 年迅速下滑。

从横向比较来看，前五大上市银行——工商银行、建设银行、农业银行、中国银行、交通银行差别不大，近两年均在 10% 和 7.5% 上下，招商银行在 2016 年前保持 15% 以上高速增长，进入 2016 年出现了降速，2016 年、2017 年仅分别实现了 8% 和 6% 的规模扩张。

2. 存款规模

2017 年，六大上市银行的存款规模排序同样是工商银行、建设银行、农业银行、中国银行、交通银行、招商银行，其中存款规模最大的为工商银行（19 万亿元），存款规模最小的为招商银行（4 万亿元），招商银行存款约为工商银行存款的21%。

近年来，国有大型商业银行存款增长总体平稳，平均保持在7%以上的增长水平，不像股份制银行吸存压力大增。增长最快、最稳定的是农业银行，工商银行稳中有升，交通银行存款增长压力一直比较大。

总之，如忽略去杠杆的意外干扰，我国大型银行的资产规模保持了10%左右的平稳增速，资产规模增速是一个相对稳定的变量。

从规模增速上来看，观察不到个股间的显著差异。存款规模是资产规模扩张的基础和保障，股份制银行2016年存款平均增速为7.8%，2017年平均增速仅为3.6%，而大型国有商业的银行存款抗压能力强，在2013年的利率市场化、货基和P2P（Person-to-Person，个人对个人）蓬勃发展期，存款并没有遭遇大幅下滑，2016年和2017年分别增长10%和7%。这是大型国有商业银行相对中小型银行的重大优势。

投资者可以顺便看一下六大上市银行利润规模的对比：

2017年，六大上市银行的利润排序同样是工商银行、建设银行、农业银行、中国银行、交通银行、招商银行，其中，利润规模最大的当属工商银行（2860亿元），利润规模最小的为招商银行（701亿元），招商银行利润约为工商银行利润的25%。

利润规模分为3个梯队：一是建设银行进入第一梯队，农业银行、中国银行规模与其相近，但利润差距越来越大；二是中国银行与农业银行的差距也开始拉大；三是招商银行利润即将反超交通银行利润。

六大上市银行利润增速在2015年触底（特别是中国银行2015年出现罕见负增长），2016年、2017年连续两年增速反弹。这是业内“拐点说”的最直接证据。投资者可以看到，2013—2017年，招商银行的利润增速一直领跑其他五大上市银行。

8.3.2 净息差因素

净息差衡量的是银行的各类生息资产获取净利息收入的能力。净息差的计算公式如下：

净息差 =（银行全部利息收入 - 银行全部利息支出）÷ 全部平均生息资产

在银行业估值的决定性因素中，净息差排名第二位，仅次于银行资产质量。对于单家大型国有商业银行而言，其资产规模庞大到以数十万亿元计，一个百分点的净息差差距将影响千亿元的利息净收入。

净息差的重要性不言而喻，需要我们认真拆解分析。

1. 净息差

A 股市场上到底哪家银行最优秀呢？最优秀的银行一定是盈利能力最强的，而银行业的盈利能力则可以参考行业专用指标净息差。

“生息资产收益率”与“付息负债成本率”，即通过银行资金运用的收益与资金来源的成本，来观察收益曲线和成本曲线的变动趋势，二者之差近似被认为是净息差（其实是净利差的概念）。

通过过往几年的数据，我们可以看到，2017 年，招商银行的净息差无疑是最高的，也就是说，它的盈利能力在 A 股市场银行业中是最强的。

2018 年，招商银行的业绩快报显示，公司营业收入 2 486.56 亿元，同比增长 12.57%；净利润 806 亿元，增长 14.84%；不良贷款率 1.36%，相比去年的 1.61% 下降了 25 个基点。

2017 年，国有大型商业银行的净息差平均维持在 2.2% 的水平，农业银行、建设银行、工商银行相差不大，农业银行略有优势，中国银行、交通银行落难“两兄弟”，与其他 4 家上市银行相差极大，交通银行为 1.58%，中国银行为 1.84%。股份制银行平均维持在 1.80% 左右，较高的有招商银行（为 2.43%）、平安银行（为 2.37%），较低的有光大银行（为 1.52%）、民生银行（为 1.50%）。

举例测算净息差影响（不考虑其他变量）：截至 2017 年年末，中国银行的净息差为 1.84%，与建设银行相差 0.37 个百分点。以 2017 年年末中国银行总资产 20 万亿元计算，仅该指标就造成中国银行利息净收入比同等规模的建设银行的利息净收入减少了 740 亿元。

而实际上，2017 年，中国银行的利息净收入为 3 384 亿元、建设银行为 4 525 亿元，二者相差了 1 141 亿元，基本印证了上述的匡算结果，误差由生息资产日均余额差距造成，建设银行日均资产高于中国银行日均资产。

2. 生息资产收益率

自 2014 年以来，生息资产收益率面临下滑趋势，可能的原因有：

（1）同期市场拆借利率处于下行周期，传导至资产端影响贷款定价。

（2）近年来的去杠杆、去产能和房地产调控，使得银行三大主要需求来源——传统基建、产能过剩行业、房地产贷款得到抑制，迫使利率端下行。2017 年起，Shibor（Shanghai Interbank Offered Rate，上海银行间同业拆放利率）利率大幅上行，资产端相应地重定价，使得 2017 年银行生息资产收益率稳中略有回升。

从资产结构来看，个人贷款占比最高的是招商银行，达到 50.00%，其次是建设银行，而交通银行的个人贷款占比最低，只有 31.63%。

3. 付息负债成本率

一般来讲，市场资金利率和资产利率呈同升同降的趋势。付息负债成本率呈现出同样趋势，即 2015 年、2016 年连续下跌，但在 2017 年企稳回升。总结起来，2017 年以前，净息差下滑，是由于资产收益和负债成本在同时下滑，但资产收益率下滑要快于负债成本而造成的。

从负债结构来看，2017 年六大上市银行负债总额中存款的占比均较高，存款占比分别为 80.29%（工商银行）、82.52%（农业银行）、76.34%（中国银行）、80.50%（建设银行）、58.96%（交通银行）、69.90%（招商银行）。

2017 年，个人活期存款占比最高的是农业银行，其次是招商银行，其他上市银行差别不大，在 19.00% 左右。“公司活期 + 个人活期存款”占比，招商银行反超农业银行最高，达到 62.84%，农业银行为 58.28%，其他上市银行均在 50.00% 左右。

这说明招商银行对公活期存款占比高，反映出招商银行通过支付结算、现金管理、供应链金融等交易银行业务留存了大量低成本对公活期存款。

总之，与股份制银行相比，国有大型商业银行的净息差优势明显。从整体来看，行业净息差正企稳并呈现出回升态势。从个股来看，招商银行领跑，农业银行、建设银行、工商银行相差不大，中国银行、交通银行净息差远远落后。

8.3.3 银行拨备

银行拨备是指银行贷款损失准备和银行资产损失准备。银行拨备对提高银行消化不良资产的能力具有关键性作用，所以其重要性可想而知。

银行拨备的作用在于真实反映资产的公允价值。银行拨备是利润还是费用的实质取决于拨备是否能够弥补未来贷款可能出现的损失，银行拨备不充足情况下的利润是高估的。

在经济下行周期，银行资产质量恶化，需多计提资产减值损失，以满足银监会对拨备覆盖率的要求，归母净利润增速的下降幅度超过拨备前利润增速的下降幅度；在经济企稳初期，部分银行或倾向于主动多计提减值损失，提高拨备覆盖率水平，增强风险抵御能力，归母净利润增速趋于稳定；而在经济长期稳定向好或处于上行周期时，银行资产质量好转，可自然少计提减值损失，释放更多的利润。

自 2017 年以来，银行业经营情况逐渐改善，拨备情况也有所改善，拨备前利润增速大幅提升。与此同时，随着经济的企稳向好，银行业的资产质量有所改善，工商银行的逾期贷款占比、不良率等指标均有所下降。

与此同时，工商银行却加大了拨备计提力度，2017 年上半年，贷款减值损失计提 610 亿元，比 2016 年同期多计提了 39.00%，拨备覆盖率不断提升。在增强风险抵御能力的同时，归母净利润增速仅为 1.85%，较拨备前利润增速低了 5.8 个百分点。

可以预见的是，若经济长期企稳向好，银行的资产质量将不断好转，归母净利润增速有望继续提升。

8.4 资产质量

在前面提到了，资产规模是银行业投资的核心指标，考查资产规模的同时需要看银行的资产质量，笔者一般通过图 8-2 所示的几个指标考查银行业的资产质量。

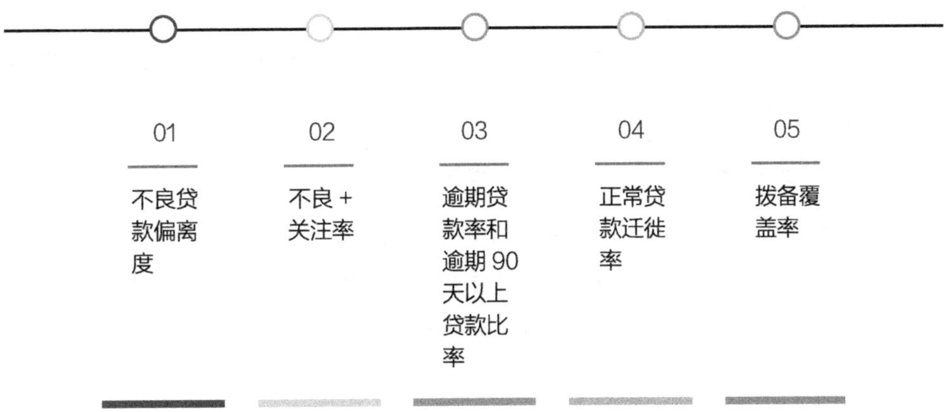

图 8-2 考查银行业资产质量的指标

1. 不良贷款偏离度

不良贷款偏离度 = 逾期 90 天以上贷款 ÷ 不良贷款。不良贷款偏离度指标若低于 1，说明五级分类真实；不良贷款偏离度指标若高于 1，说明五级分类不真实，偏离越大，表明分类越不真实。

之所以把这个指标放在首位，是因为它是资产质量分析的起点和基础，在资产质量分析中处于最重要地位。

2017年，国有大型商业银行的资产质量明显更为真实。除交通银行外，其他银行的不良贷款偏离度均远小于1。某些股份制银行的不良贷款偏离度超过1，可以说，其隐藏了很多不良资产，通过少计提拨备进而虚增了很多利润。

其中，建设银行的不良贷款偏离度为58.50%；农业银行的不良贷款偏离度为68.50%；招商银行的不良贷款偏离度为79.60%——特别是建设银行的资产质量已经与同业拉开了巨大的差距，隐藏了巨额利润。

2. 不良 + 关注率

不良 + 关注率 =（不良贷款 + 关注贷款）÷ 全部贷款

从“不良 + 关注率”指标来看，不论国有大型商业银行还是股份制银行，2017年该指标全面下降；国有大型商业银行“不良 + 关注率”普遍比股份制银行的要低；在国有大型商业银行中，建设银行、中国银行、招商银行表现更为优秀。

3. 逾期贷款率和逾期90天以上贷款比率

逾期贷款和逾期90天以上贷款数据难以做假，说服力更强。

从逾期贷款占比来看，2017年国有大型商业银行依然比股份制银行优秀，这种差距比“不良 + 关注率”指标的差距要显著得多（侧面反映出股份制银行有五级分类不实情况）。另外，在国有大型商业银行中，建设银行再次胜出并遥遥领先。

从逾期90天以上贷款占比来看，2017年，建设银行的资产质量在六大上市银行中是最好的，交通银行、农业银行的逾期贷款率和逾期90天以上贷款比率均较高，但边际改善力度很大。招商银行在股份制银行中领先，但与其他国有大型商业银行相比有一定差距，且差距在逐渐缩小。

4. 正常贷款迁徙率

正常类贷款迁徙率 = 期初正常类贷款向下迁徙金额 ÷（期初正常类贷款余额 − 期初正常类贷款期间减少金额）×100%

从公开数据可以看出，正常类贷款迁徙率已经连续两年以较大幅度下滑，行业资产状况正在大幅好转。国有大型商业银行间指标相差不大，较低的是招商银行、中国银行、农业银行，而建设银行和工商银行略高。

5. 拨备覆盖率

2017 年，招商银行的拨备覆盖率在行业内处于第一梯队，而国有大型商业银行中，农业银行的拨备充足率为 208.00%，建设银行为 171.00%，工商银行、中国银行、交通银行均接近 150.00% 的最低红线，这是值得警惕的。

总的来说，建设银行、工商银行处于四大国有大型商业银行第一梯队，市场给的估值也相当。但从资产质量角度看，建设银行与招商银行共处第一梯队，与第二梯队的工商银行已经拉开差距了，具体表现在以下 3 个方面：

（1）不良分类更实，建设银行偏离度为 58.50%、工商银行为 80.90%；

（2）计提拨备更充足，建设银行为 171.00%、工商银行为 154.00%；

（3）从不良贷款偏离度、“不良 + 关注率”、逾期贷款率和逾期 90 天以上贷款比率以及正常类贷款迁徙率四大指标数据看资产质量更好。

下面笔者以工商银行和建设银行的数据对比来进行说明，如表 8-1 所示。

表 8-1　建设银行与工商银行的数据对比

指标	数据
不良 + 关注率	建设银行为 4.32%、工商银行为 5.50%
逾期率	建设银行为 1.30%、工商银行为 2.10%
逾期 90 天以上贷款占比	建设银行为 0.90%、工商银行为 1.30%
正常贷款迁徙率	建设银行为 2.31%、工商银行为 2.70%

农业银行的特点是：资产质量虽不是最好，但边际改善力度是最大的，未来增长空间同样可期。

8.5 净资产收益率

考查银行赚钱能力主要应用的财务指标是市净率和净资产收益率。国际上，净资产收益率超过 15% 的银行算“合格”，而超过 18% 的银行才算“优秀”。

净资产收益率是反映上市银行盈利能力及经营管理水平的核心指标。该指标无论在定期报告中，还是在临时报告中，都时常出现，因此，深刻理解其内涵，了解其功用，是投资者提升基本面分析能力的必由之路。

什么是净资产收益率？

净资产收益率的计算公式为：

净资产收益率 = 净利润 ÷ 净资产

上市银行的资产，减去负债额后的部分属于全体股东。这部分资产称为净资产（所有者权益）。净资产就如同做生意当中的本金。如果有两家上市银行，A 银行一年赚 1 亿元，B 银行一年赚 2 亿元，仅通过这个数据，无法判断哪家银行经营得更好。

因为我们不知道 A、B 两家银行赚这些钱时用的本金（净资产）是多少。如果 A 银行的净资产是 5 亿元，B 银行的净资产是 20 亿元，可以肯定地说，A 银行的盈利能力要比 B 银行的盈利能力强很多。因为 A 银行的净资产收益率是 20%，而 B 银行的净资产收益率仅为 10%。

如果不考虑股价因素，好银行的标准当然是更具有赚钱能力。而净资产收益率就是用来告诉投资者，一家上市银行赚钱的能力如何、赚钱效率如何的。在所有评价上市银行的常用财务指标中，净资产收益率普遍被认为是最重要的指标。

观察净资产收益率，至少要看过去 3 年的指标——年报正文开始部分的“报告期末公司前3年主要会计数据和财务指标”表格中，有连续3年的数据，看起来很方便。如果银行没有经过大的资产重组，最好看看自其上市以来，每一年的净资产收益率。

由于融资、投资进度等原因，只看一两年的净资产收益率，有可能无法全面判断上市银行的盈利能力，连续几年的净资产收益率最能将上市银行的盈利能力显露无遗。

例如，观察一家上市银行连续几年的净资产收益率表现，会发现一个有意思的现象：刚刚上市的几年中，上市公司都有不错的净资产收益率表现，但之后，这个指标会出现明显下滑。

这是因为，一家银行随着规模的扩大，净资产的不断增加，必须开拓新的产品、新的市场，并辅之以新的管理模式，以保证净利润与净资产同步增长。这对于银行来说，是很大的挑战，它在考验银行领导者对银行业发展的预测，对新的利润增长点的判断以及其管理能力是否可以不断提升。

8.6　由巴菲特看选股实战

价值投资代表巴菲特在其1990年致股东的信中提出了他买富国银行的一些原则和理由，我们不妨将其原理应用于当下的中国银行股，看能否从中选出优质且有价值潜力的银行股，并一路伴随它们成长。

8.6.1　银行股的挑选标准

当前市场上有很多的投资者已经“嗅”到了银行业整体低估的气味，但又困惑于两种不同投资方式——以一个低估便宜的价格买入一个平庸的银行的股票，或以合理的价格买入优秀的银行的股票。而这可以从巴菲特致股东的信中找出答案。

其实巴菲特曾言：银行业并不是我们的最爱，因为这个行业的特性是资产约为股权的20倍，使所有的优势与缺点所造成的影响都会被放大，我们对于用便宜的价格买下经营不善的银行股票一点兴趣都没有，相反地，我们希望能够以合理的价格买进一些经营良好的银行。

图8-3所示为巴菲特选择银行股的标准。

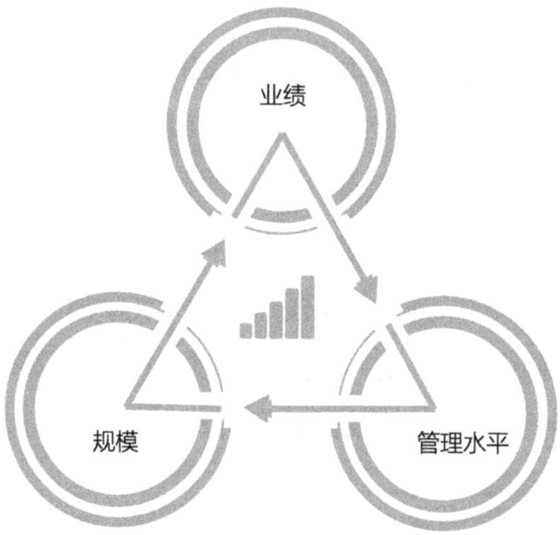

图8-3　巴菲特选择银行股的标准

（1）业绩。巴菲特1991年大量买入富国银行股票时用两个业绩指标，即过去的净资产收益率（ROE）和资产收益率（ROA）来评价。

在2008年的金融危机之后，巴菲特第一大银行重仓股富国银行在之后的三年（2009年~2011年）ROE分别为11.6%、10.4%和11.9%，ROA分别为1%、1%、1.2%，逐年增长。

（2）规模。2011年，巴菲特投资组合中六大银行资产规模在美股中的排名分别是：美国银行排第1位，富国银行第4位，合众银行第10位，纽约梅隆银行第11位，美国运通第19位，M&T银行第29位，它们都是资产规模很大的银行。

巴菲特之所以只投资大银行，是因为银行业规模优势非常重要，而且规模越大，银行越难被收购，股价往往更加便宜。

（3）管理水平。巴菲特强调管理对银行业绩影响很大，“银行业并非我们偏爱的行业。如果资产是股东权益的 20 倍，那么一个只是涉及一小部分资产的错误就能够毁灭掉很大部分的股东权益。”

这也是目前国内投资者对于银行股的诟病所在。财务杠杆同时放大了管理上的优势和劣势，所以巴菲特对以“便宜的”的价格买进一家管理糟糕的银行的股票毫无兴趣，他唯一的兴趣是以合理的价格买进管理良好的银行股票。

8.6.2 长期重仓持有银行股

2007 年，巴菲特投资组合的总市值达 688 亿美元，其中 5 只银行股的市值达 197 亿美元；2011 年，投资组合的总市值为 662 亿美元，其中 5 只银行股的市值为 198 亿美元，以富国银行和美国运通持仓最重。

不仅如此，巴菲特持有银行股的时间周期也非常长：富国银行持有至今 30 多年，美国运通银行、M&T 银行持有至今也已 30 多年。

之所以长期重仓持有银行股，巴菲特曾坦言：“银行业是个很好的行业，自第二次世界大战以来，在困境之外的银行其 ROE 一直很好。一些运营良好的大型银行的 ROE 高达 20%。令我惊讶的是，银行业的利润并没有被挤掉！”

8.6.3 股价大跌后大量买入

1990 年，美国银行股的处境比较糟糕。当时美国市场主要考虑的是美国西岸的房地产因为供给过多而崩盘的风险，这连带使融资给这些房地产扩张的银行承担巨额的损失，而富国银行是市场上最大的不动产借款银行。

一般投资者都采取线性思考，认为它是最容易受到伤害的，所以不断抛出富国银行的股票，导致其股价在几个月的时间内跌幅高达 50%，而巴菲特正是在股价不断下跌的时候将其买入的。

巴菲特 1990 年买入富国银行的股票时，其市盈率不到 5 倍。对此，巴菲特回忆道："1990 年，我们能够大规模买入富国银行股票，得益于当时一片混乱的银行股市场行情……在投资者纷纷抛售逃离银行股的风潮中，我们才得以用 2.9 亿美元买入富国银行 10% 的股份，我们买入的股价低于税后利润的 5 倍，低于税前利润的 3 倍。"

假如在巴菲特买富国银行股票时，富国银行所有的 480 亿美元借款中有 10% 在 1991 年发生问题，且估计其中有 30% 的本金将收不回来，必须全部转为损失（其中包含收不回来的利息），则这家银行还是可以损益两平的。

也就是说，所有贷款中有 3% 的不良贷款率，而富国银行只用 1 年时间赚的钱，就可以弥补风险带来的损失。

按照巴菲特严格的标准（假设 3% 的贷款全部损失），用当年的利润抵销，除了北京银行有小幅度的亏损以外，其他 A 股上市银行可以用一年的利润来弥补风险带来的损失。也就是说，中国银行业的情况并没有看上去的那么糟糕。

从投资机会的角度去思考，中国银行业也有很高的配置价值。可以看到，中证银行指数的股息率近乎 4%，已经超过了余额宝的股息率，如果加上更理性、更低估值的中国香港市场上的内银股，相信中国银行业整体的股息率会更高。

根据 100 多年来的数据，银行业整体发展速度大约就是其所属国家的经济增长速度，并且只有少数优秀银行增长速度可以超过"GDP 增速 + 通货膨胀率"。要知道，相比于欧美发达国家（2% 左右的 GDP 增速），我国的经济发展速度和行业规模扩张要更快，所以银行业增长的确定性是毋庸置疑的。

投资是有风险的，如何在风险中获得收益是每个投资者都关心的问题，学习一下巴菲特在逆市爆发的发展法则，或许有助于你在投资银行股的道路上越走越远。

第9章

医疗健康行业

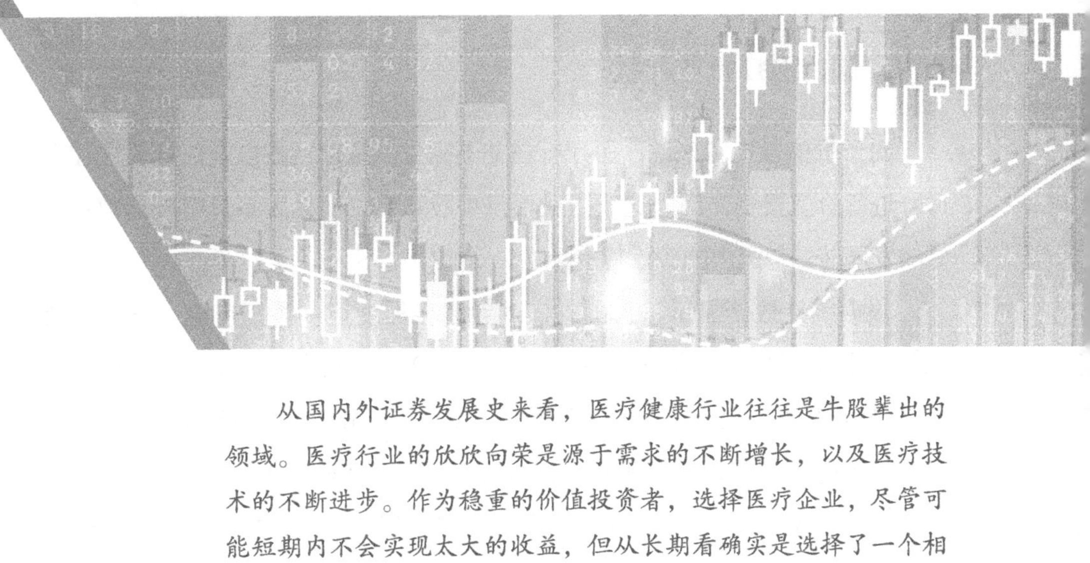

从国内外证券发展史来看，医疗健康行业往往是牛股辈出的领域。医疗行业的欣欣向荣是源于需求的不断增长，以及医疗技术的不断进步。作为稳重的价值投资者，选择医疗企业，尽管可能短期内不会实现太大的收益，但从长期看确实是选择了一个相当不错的投资目标。

9.1　医疗行业是永远的朝阳行业

正如笔者一直所说的那样，医疗这个行业是永远的朝阳产业。随着人口结构的变化，人们对于医疗的需求增长是非常迅速的，那么医疗企业也将大幅获益：新的产品、新的疗法不断问世，带动一批企业从一般走向优秀，从优秀走向卓越。

9.1.1　国内医疗行业现状

对于价值投资者来说，医疗行业并不陌生。医疗行业以及医疗股往往十分适合进行价值投资，因为这个行业不仅牛股辈出，而且大多具有发展前景。良好的发展前景与国内的医疗行业现状以及国情密不可分。

根据统计数据显示，我国人口的老龄化程度正在逐渐加速、日益严重。2017 年，全年共出生人口 1 723 万人，比 2016 年减少 63 万人，同时 60 岁以上人口和 65 岁以上人口都比上年增加了 0.6 个百分点。预计到 2020 年，老年人口将达到 2.48 亿，老龄化水平将达到 17.17%，其中 80 岁以上老年人口将达到 3 067 万人；2025 年，60 岁以上人口将达到 3 亿人，成为超老年型国家。考虑到 20 世纪 70 年代末，计划生育工作力度的加大，预计到 2040 年，我国人口老龄化进程将达到顶峰。老龄化对资产价格、产品价格、劳动价格和公共投入等都将产生深远影响。在这种趋势下，医疗健康行业获得难得的历史机遇，如图 9-1 所示。

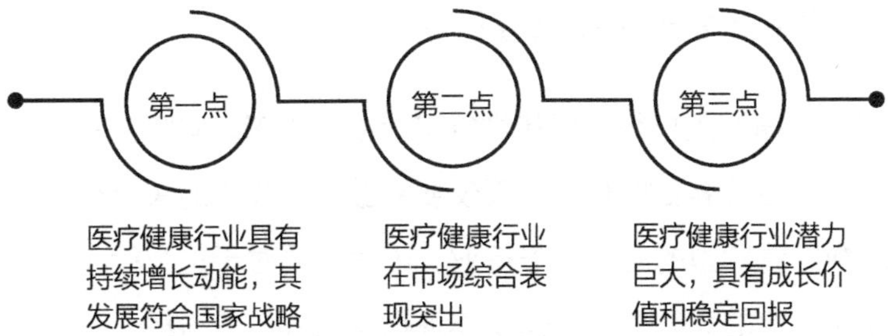

图 9–1　医疗健康行业的机遇

首先，医疗健康行业具有持续增长动能，其发展符合国家战略。从全球市场来看，医疗健康行业已经是全球第一大产业，年支出总额约占世界国内生产总值总额的 10%。近几年，我国出台政策以推动医疗健康产业发展，包括《关于促进健康服务业发展的若干意见》《关于加快发展养老服务业的若干意见》《全国医疗卫生服务体系规划纲要（2015 年 ~2020 年）》和《中医药健康服务发展规划（2015 年 ~2020 年）》等。医疗健康产业长期发展确定性高，政策支持力度强，是中国经济转型中的新兴投资热点。

其次，医疗健康行业在资本市场上的综合表现突出，攻守兼备，具有很高的投资价值。从长期趋势来看，与上证指数长期横盘震荡走势不同，医疗健康产业所反映的医药生物行业指数具有长期的上升趋势；从收益率来看，医药生物指数 10 年累计收益率高达 983%，是上证指数同期收益率的 5 倍以上。从投资机会来看，医药生物行业凭借其巨大刚性需求和科技密集型的特点，加上防御性和成长性，在震荡弱市行情中往往成为资金青睐的“避风港”。此外，医药生物行业目前正处于创新突破的风口，国家医改深化，为投资者提供了丰富的主题投资机会。

最后，我国医疗健康市场存在巨大潜力，具有成长价值和稳定回报，有利于健康保险业的长期持续发展。现在我国医疗健康服务业市场是 4 万亿元，到 2020 年预计达到 8 万亿元，到 2030 年估计会达到 16 万亿元。

9.1.2 以全球视野分析医疗服务行业

上文对于我国的医疗行业现状进行了简单的讲解。实际上，我们在选择行业的过程中应当使眼界更加开阔，不仅要能够了解我国的医疗行情，还要能够做到以全球视野看我国的医疗服务行业。因为只要对于这个行业有一点了解，就能够知道医疗业的竞争力并不仅仅体现在本国人口的消耗上，而是和世界相关联的。

有不少人始终认为我国的健康产业只涉及人口老龄化、慢性病或者癌症，有时候很多人忽略了一些伸缩性的需求，如试管婴儿、私营牙科等行业。而当某一个产业技艺变得熟练，而且成本低廉时，我们也同样可以开启这些行业的国际竞争模式，也许这些模式的产值可以超过我们现有的一些轻工业的产值，并且利润丰厚能使投资者从中获益。

那么，医疗行业应该如何发展才能够保持长久的利益呢？实际上，医疗要成为一种出口型产业，首先必须有完善的监控和信誉机制。在我国，人们对与医疗有关的任何不诚信事件都十分敏感，例如前些日子曝出的某药业疫苗事件，使不少企业都变得紧张不堪，投资者自然也会觉得医疗行业中什么都不安全。但是，在笔者的理解中，其实很多事被曝光出来并非全都是不好的，医疗健康产业有必要经历一次优胜劣汰。如果一个行业没有监管、不透明，那么这个行业是不可能变为一个成熟行业的，也不会在国际竞争中形成优势。

分析目前医疗健康行业中的不少企业，例如爱尔眼科、通策医疗等，正是将这些国际化比价的医疗服务项目，例如眼科、牙科以及试管婴儿作为提振他们业务的主要项目。这些行业的技术和标准化设施都是可以积累的。国际竞争中，这些项目没有明显的技术壁垒，但是具备规模壁垒。也就是说，每一个国家都可以通过技术积累做得很好，但是医生的医疗技术和医疗设备必须经历过积累才可以形成一定的优势，从而吸引更多的患者。

医疗健康行业内的上市公司的与盈利能力相关的数据如图 9-2 所示（数据截至 2019 年 3 月）。

代码	简称	净利润(万元)	排名	每股收益(元)	排名	每股营收(元)	排名
300015	爱尔眼科	89483.37	2	0.3803	5	2.5696	6
000516	国际医学	223183.71	1	1.1300	1	0.9214	9
002044	美年健康	41387.31	3	0.1300	9	1.8640	7
300347	泰格医药	31792.16	4	0.6356	3	3.1878	4
300244	迪安诊断	29198.34	5	0.5300	4	8.8666	1
600763	通策医疗	27539.31	6	0.8600	2	3.6286	3
000150	宜华健康	20571.75	7	0.3281	7	2.6703	5
603882	金域医学	16432.47	8	0.3600	6	7.2453	2
002173	创新医疗	12265.45	9	0.2700	8	1.7444	8
600896	*ST海投	3631.24	10	0.0400	10	0.0462	10

图 9-2　医疗健康行业盈利能力分析

未来尚有很多不确定性，但是当某一个领域有一两家企业形成了一定的规模优势，人才和客户都会受它吸引，并进一步聚集。我们认为城市化的推进就是一个通过规模虹吸资源的模式，而在医疗领域，这些私营的医疗服务机构在未来也会形成这种虹吸效应。

每个人都总是希望以相对便宜的价格买入相对优质的资产，但是我们并不知道什么时候买会更好一点，不过从历史经验看，越早关注医疗行业的投资人收益越高。投资者应当放宽眼界，站在全球视野中分析医疗行业。

9.1.3　大数据时代下的医疗行业

随着科技的不断发展，我们迎来了大数据时代。在大数据时代之下，医疗行业也不再固守传统的模式。大数据及 AI 技术在健康医疗领域广泛应用，其中包括辅助决策、健康管理、机构智能化管理、基因数据等。

同时，大数据也在医疗行业具有其他应用前景，其中，医疗机构的智能化管理，将在各省市区域信息平台及三大健康医疗数据集团推动下进行。全科辅助决策、健康/慢病管理、人工智能新药研发处于产品研发中期。针对这3个领域，企业仍需投入大量技术人才，以缩短流程路径，提升产品准确率。

健康医疗大数据快速发展的先决条件有3个：

（1）政策支持，在顶层政策推动的同时，各类细节管理办法也要及时跟上市场发展。例如，CFDA需要就基于人工智能技术的临床应用，开发新的监管框架，为申请三类证开通通道；

（2）市场认可，健康医疗大数据及AI技术的临床及商业价值快速被市场认同，即企业客户与患者用户均具备一定的数据消费意愿与能力；

（3）资本支持，大数据及AI技术的应用研发需要大量资金支持，在产品尚未全面铺开时，需要资本不断地注入以维持研发能力。

9.2 医疗细分领域的投资逻辑

医疗行业的细分领域众多，每个领域有着自己独特的属性，领域属性决定其是否具有长期的核心竞争力。从整个产业链的“原料——产品——流通——应用”几个层面来说，医疗行业大致包括：

（1）原材料（中药饮片、化学药的原料药）；

（2）制剂（中药、化药、生物药和生物制品）；

（3）器械（影像设备、体外诊断、制药装备、监护设备、家用医疗器械、康复用器械等）；

（4）流通（医药批发、配送、零售等）；

（5）医疗服务（综合医院、专科特色门诊、民营体检、第三方诊断中心、中医理疗等）。

细分行业在整个产业链当中的价值分配因素是决定整个医药板块周期波动的最关键性因素，也是投资者最应该关注的部分，主要内容如表9-1所示。

表 9–1　医疗健康行业细分

细分领域		影响价值分配环节							
		原材料价格	环保	产品价格	医保报销	销售	品牌	研发	政策
化学药	化学制剂药			√	√	√		√	
	化学原料药	√	√	√					
中药	中药材	√		√					
	中药制剂	√			√	√	√		
医疗器械					√	√	√	√	
医疗服务					√				√
医疗流通									√

结合上表我们对细分领域做具体分析，例如，从医疗服务这个细分领域看，其重要的价值分配因素是医保报销和政策，因此我们预计未来最有可能享受政策红利的专科连锁医院、公立医院改制和综合医院集团将会有较大的投资机会。

用同样的分析方法，我们认为医疗器械的投资机会集中在并购型公司、互联网医疗、医疗诊断型公司，而医药制造方面的机会主要在创新医药研发方面具有较长时间积累的行业龙头。

9.2.1　医疗健康行业盈利模式分析

对于不同行业链，其都对应着不同的投资逻辑。在分析不同行业链的投资逻辑之前，投资者首先应当了解的就是医疗健康行业不同细分行业的盈利模式。投资者只有明白了这些行业内的盈利模式，才能更了解医疗行业的本质。这有利于投资者剖析医疗大行业，并且能够选择进行投资的方式。

（1）医药制造行业。医药制造行业里的化学药、生物药，基本是与国际接轨的行业，可以使用国际通行的标准进行评估。目前 A 股的上市公司，只能说还处于模仿追踪、仿制创新的阶段，与国际一流药企的差距还相当明显，特别是原研药，国内只有屈指可数的几家药企和屈指可数的几个品种。由于原研药的专利保护，这个行业壁垒高、护城河深，属于典型的技术密集、资金密集行业。医药制造行业的盈利模式比较简单，如图 9-3 所示。

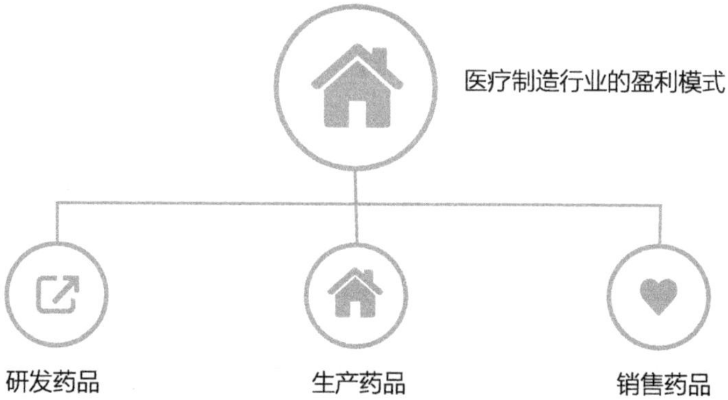

图 9-3　医疗制造行业的盈利模式

医疗制造行业利润的主要来源为药品的售价与生产成本之间的差额。

（2）医疗设备与服务行业。医疗设备与服务行业是个朝阳行业，但大量高端的医疗设备还是国际大品牌（例如强生、通用电气、飞利浦）的主场。我国 A 股医疗设备制造行业尚没有一家年营收超过 100 亿元的公司，大部分仍在从事基础医疗设备的研发和生产，行业总体处于发展的初级阶段，所以这个行业的发展空间是很大的。从目前来看，乐普医疗和鱼跃医疗是股市场上的佼佼者。

医疗服务目前在 A 股主要以专科医院的形式存在，典型的个股有爱尔眼科、通策医疗（牙科）等。民营专科医院为新技术提供了商业化的出口，而新技术给医疗服务业务提供了高附加值。例如，具有一定门槛的连锁专科医院，如妇儿、辅助生殖、眼科、骨科、医疗美容，连锁第三方服务如健康管理、第三方诊断，一线城市的具有核心技术和专家资源的高端医院等。

（3）医药流通行业。医药流通行业，其本质与一般的商业零售企业的并没有不同。它虽然属于医疗健康行业，但其商业模式并没有很高的壁垒，虽然可以形成区域内的垄断，但常常受到政府指导价格的约束，还是属于竞争激烈、护城河不深的行当。典型的企业如九州通，其ROE和毛利率常年保持个位数。

（4）保健品及其他医疗行业。在这其中又可以划分几个子项，包括药食同源、保健品、药品辅材（包装）等。这里面的投资机会很多，有我们身边很熟悉的产品，如王老吉凉茶和阿胶糕等。它们既是我们日常的食品，同时又具有药用价值。保健品中典型的企业就是汤臣倍健，其主要生产各种膳食补充剂和营养品。药品辅材主要是一些生产药品容器和原材料的企业，典型的企业有山东药玻，主要生产药品包装容器，拥有很大的市场。

9.2.2 细分行业的投资逻辑

想要进入医疗行业，除了对国内的医疗投资行业有所了解以外，对于医疗的行业细分也应当了解。其实医疗行业并不是像很多投资者所认为的那样只是“制药的”，相反，医疗行业的行业链复杂，不同的细分行业对应不同的投资逻辑。在此，笔者也为各位投资者总结一下不同行业链的投资逻辑，具体如下。

（1）原料药。目前来说，整个原料药行业产能过剩。这个行业需要紧盯原料药价格，投资原料药的逻辑在于行业整合，分散的市场竞争经过整合后，形成寡头垄断的性质，使企业具有了定价权，价格节节攀升，盈利暴涨。未来原料药的行业转移和行业内的整合，甚至是原料药企业向下游制剂的转型，都会成为常态。

（2）化学仿制药。受医保带量采购的影响，行业发展存在很大的不确定性，因此在近两年内尽量少涉及，化学仿制药唯一的机会在仿制药的出口，如健友股份(603707)。

（3）生物药。生物药是目前增长最快的细分领域，其创新速度也最快，新的创新药不断被开发出来，例如目前研发的PD-1、PDL-1等是未来抗击肿瘤等重大疾病的主要手段。生物药领域是未来的主要方向。

（4）中药。中药分为传统中药和现代中药，传统中药是世代流传下来的东西，具有很好的群众基础与文化底蕴，虽然国家各种政策鼓励，但是青年群体的接受度不高。在中国这个市场里面，未来的机会还是在于精品药方、著名药方的价值深化上，相关公司有云南白药（000538）、白云山（600332）、片仔癀（600436）等，其他的饮片、普通中药企业很少有做大做强的机会。现代中药以中药注射剂为代表，用现代西药的方法再造中医，本身就存在很大的争议。天士力、康缘药业等现代中药企业目前都遇到了很大的瓶颈。

（5）医疗器械。与国外如强生、西门子、美敦力更医疗器械巨头相比较，我国的医疗器械公司还有很大的提升空间。例如，目前国内大型医疗器械上市公司乐普医疗（300003）、鱼跃医疗（002223）等都不超过 400 亿元，即使迈瑞医疗（300760）能达到 1 000 亿元，与国外巨头之间差距还是很大。国产替代进口是医疗器械行业不懈的追求，只不过从细分来看，有的领域如影像设备，短期内仍然难以撼动外资的地位，但是像生产监护设备的迈瑞医疗，已经将生意做到了全球，像 IVD（in vitro diagnostic products）中的生化诊断基本实现了国产替代。

（6）医药流通与商业。医药流通环节受两票制的改革，行业竞争格局基本发生重构，未来肯定是几家大型的全国性国有医药流通企业和地方性的流通企业的天下，企业的业务形态也从经销商变为配送商，以赚取 5 个点的配送费用，从商业模式上看，已经不是一门很好的生意了。未来，在连锁化经营方面有所作为的医药商业公司一旦被看好：一方面，药店的议价能力不弱，享受处方药外流的红利；另一方面，流量入口和平台，能创造更多价值。

（7）医疗服务。医疗服务的市场空间是最大的，需求也是最旺盛的。从商业模式上看，专科连锁和开展体检服务的医疗公司等被看好。作为医疗服务的主要承载主体的综合医院反而不被看好，主要是由于单体的综合医院之间难以形成协同效应，行政管制太强烈。未来也许还有一些医养结合、中医理疗、辅助生殖、妇幼保健等新的连锁机构品牌进入资本市场。

（8）细胞等生物技术领域。目前，我国很多公司如复星医药 (SH600196)、冠昊生物 (SZ300238)、安科生物 (SZ300009) 等都在布局干细胞、免疫细胞治疗等新兴行业。虽然相关产品距离正式的临床应用还有很多路要走，但科技进步的方向是不可阻挡的。

通过对上述不同医疗行业链的分析，能够看出，虽然医药行业是长青行业，但是选准具有核心竞争力的优秀企业才是关键。医药行业门槛高，投入精力多，各大投资机构在招聘时都要求有生物医药的背景，但其实我们普通人也能在这个确定性的行业中挖掘出不少大牛股，这需要我们紧盯政策动向并多关注国内外最新的研发进展。

9.3　医疗健康行业实战

正如笔者一直所传递的理念一样，投资的本质就是去选择优秀企业，并且选择成长有保证的企业，医药类的个股大多具有优秀企业的潜质。医药行业是永远的朝阳产业，也是我们一直关注的重点。

不仅如此，医疗健康行业在 A 股可以说是很特殊的一个行业。简而言之，医药健康行业被市场持续高估，行业平均市盈率长期高于沪深 300 平均的市盈率，弱周期属性明显，与周期股走势相关系数极低，是穿越牛熊的好品种。特别是 2018 年以来，医疗健康行业显著跑赢了大盘，成为 A 股中不多的一个亮点闪耀的行业。

图 9-4 所示为恒瑞医药 2015 年 5 月至 2018 年 5 月的股价走势图，超越 2015 年 6 月股市高点，涨幅不比茅台小。

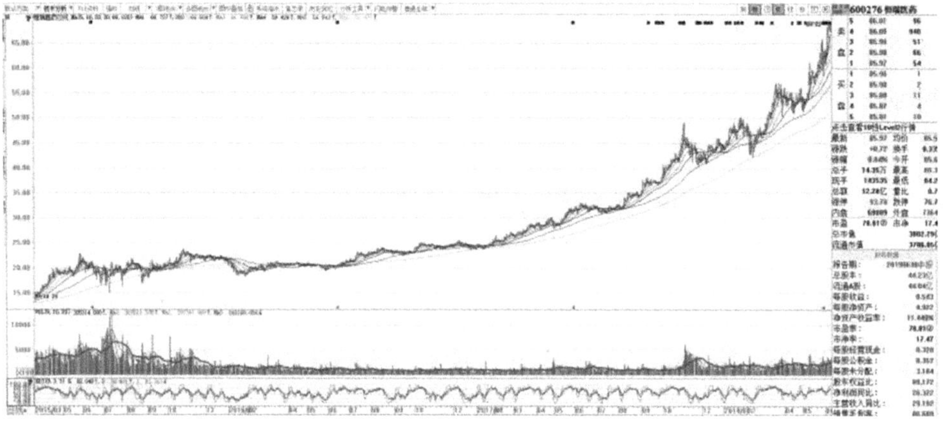

图 9-4 恒瑞医药 2015 年 5 月至 2018 年 5 月的股价走势图

9.3.1 医疗股的未来

既然医疗健康行业是永远的朝阳行业，那么其未来也十分可期，更何况在科技不断发达、人民生活水平不断提高的今天，医疗健康行业一定会成为更多人关注的焦点。同时，科技发展推动医疗创新，互联网与医疗结合能更好地带动医疗服务。近年来，国家的政策导向也一直在为医疗健康行业的发展保驾护航。

作为技术导向型和政策导向型行业，医疗健康行业投资规模高速扩张，未来发展前景可期。

医药类个股股价的上涨因素有图 9-5 所示的 3 点。

图 9-5　医药类个股股价的上涨因素

（1）业绩上的支撑：近年来医药板块收入与利润增速均增长稳健，体现出医药行业在经济不景气下的稳定成长性。我们判断产业政策变革将成为板块投资重要变量。

（2）基金配置上的需求：公募基金对医药配置仍较低、为医药牛市留下空间：2017 年底公募基金对医药持仓比例约 6.6%（扣除医药基金），尽管 2018 年开始有所提升，但仍在 10% 以内。

（3）估值相对性价比高：截至 2019 年 1 月 24 日，A 股中共有 290 家医药生物上市公司，总市值 3.05 万亿元。医药生物上市公司平均市盈率 33 倍，其中有 94 家上市公司市盈率高于行业平均值，仅占医药生物上市公司总数的 32%，183 家上市公司市盈率低于行业平均值，另有 13 家上市公司出现亏损，市盈率为负值。从估值上看，医药板块估值切换整体上还算合理。

从以上 3 个方面来说，医药类个股行情才刚刚开始。股票是否能够继续上涨，其核心还是要看估值的情况：如果上涨之后，估值依然偏低，那么还是会继续上涨的；反之，即使下跌之后，估值依然偏高，那么继续下跌是必然的，寻找业绩大幅增长、估值偏低的股票，才是投资的最主要的目标。

9.3.2　医药流通领域的投资机会

长期关注笔者的朋友会知道笔者一直很看好医疗股，尤其是近几年的医药板块表现还是相当突出的，不管是医疗服务，还是化学制药都有了一定的表现机会，那么我们都知道，医疗行业当中还有一个板块就是医药流通和医药零售，这个板块有没有投资机会呢？医药流通的板块机会，可能更多地存在于比较大的全国性公司当中，而零售的机会应该如何来判断呢？

从政策方面来看，确实也有相关的变化。2017 年 9 月，广东省发布《广东省食品药品监督管理局药品零售连锁企业管理办法》与《广东省食品药品监督管理局关于药品零售企业分级分类的管理办法（试行）》。这两个政策的发布，显示出了我国未来零售药店的发展趋势。这个政策文件显示，广东省连锁药店配送中心面积标准从不少于 300 平方米提高到不少于 500 平方米，明确运输工具封闭式要求和储存运输冷藏冷冻药品冷库面积要求（至少 20 立方米）；要求药店计算机管理系统能满足药品追溯、门店管理“七统一”等更高的要求。更高的验收标准将进一步提高单体店和小型连锁的经营成本，挤压其生存空间，推动大型龙头连锁加速整合。

显然这个政策对于企业整体上的要求还是比较高的，一些规模相对比较小的零售企业，未来将面临被整合的命运，药店行业集中度提升逻辑进一步强化，处方药外流预期也加速。相关政策整体仍利好龙头连锁药店市占率提升。也就是说，强者会更强，弱者将无法生存而被整合，市场的集中度将进一步提升。总体来说，上市企业的实力还是比较强的，将在这次浪潮中率先受益。

连锁药店的投资机会，可能不会像医药制造企业那样具有持续性，对于投资者而言是一次性的投资机会。这个机会将延续几年的时间，也许 3 年后这样的机会就消失了，全国将形成几大连锁药店占据绝大多数市场份额的格局，那个时候也就失去了投资的机会。因此，投资者应当把握良好的时机。

9.3.3 消费升级对于投资医药行业的影响

人民的生活水平不断提高，导致消费者的消费升级。这对于各行各业来说都造成了或多或少的影响，医疗健康行业也不例外。尤其是在医药行业当中，投资受到消费升级的影响表现十分明显。在研究企业时，消费行为的变化是非常重要的一个方面，随着收入水平、消费观念的变化，一些行业会发生根本性的逆转，原本不被看好的行业，也许会焕发生机，甚至会诞生千亿级别的大市值公司。二类疫苗行业也许就有这样的机会。

近年来，随着人们消费水平的提高和消费结构的升级，人们在医疗健康方面的支出越来越多，也越来越重视预防和保健。疫苗接种是预防和控制传染性疾病最有效的手段，也是最便捷、最经济、最安全的公共卫生防控手段之一。

我国国家财政实力逐渐增强，免疫规划体系也在不断补充和完善，越来越多的疾病疫苗已经被免疫规划所覆盖。同时，全面二孩政策的逐步实施，使新生儿数量阶段性增长。再加上大众消费观念的改变，联合疫苗、自费疫苗的需求量逐步攀升；EV71 等新品种疫苗的上市给家长提供了更多的选择。这些因素刺激了儿童疫苗行业的蓬勃发展，催生了更大的市场空间。

据数据显示，2017 年全球疫苗行业市场规模达到了 276.82 亿美元，同比增长 0.48%。其中，儿童疫苗市场规模达 167 亿美元，成人疫苗市场规模达到 110 亿美元。中国是全球最大的人用疫苗生产国，根据中科院数据披露，2017 年批签发疫苗 5.9 亿瓶 / 支，2018 年，疫苗签发量进一步上升为 6.13 亿瓶 / 支。预计到 2022 年，我国儿童疫苗市场将达到 156 亿元，这是一个多么庞大的数据。

不仅如此，在这 156 亿元的疫苗市场当中，有相当一部分是二类疫苗的市场。众所周知，近年来，家长接种二类疫苗的意愿在不断增加。据数据显示，家长愿意接受二类疫苗覆盖一类疫苗没有覆盖疾病的比例由 6.25% 上升到 9.95%，因此带动了整个二类疫苗市场的飞速发展，最为典型的就是 EV71 疫苗，从 2016 年上市以来，其接种率接近 5%，也带动了相关公司业绩的大幅提升。当前在疫苗行业主要的上市公司有智飞生物（300122）、沃森生物（300142）、康泰生物（300601）。

目前，消费者最能够接受的还是 200 元以下的疫苗。笔者认为，随着收入水平的进一步提高，这个数据还会进一步提升，例如现在需要预约的宫颈癌疫苗便是如此。

消费市场永远都会与消费意愿、消费能力息息相关，那么消费意愿的提高，自然也就会带动一个市场的变化。这也是我们必须要把握住的投资机会。

第10章 生活消费品行业

在逛大型商场、超市时，如果你注意过货架上熟悉的消费品品牌，就能够发现大多数品牌都是你可以选择的投资标的。生活消费品市场通常由食品饮料行业、日用品行业等构成，其主要特点是规模经济、高品牌认知度、强大的分销渠道等。

通过分析大多数的消费品公司业务，你会发现不少企业的服务十分单一，常年生产一种产品或者提供一种服务，通过大型商场或者零售商进行销售。

10.1 生活消费品行业简析

帕特·多尔西在《股市真规则》一书中写道："生活消费品市场由食品行业、饮料行业、家庭和个人用品行业以及烟草行业等组成。就像任何一个古老的行业一样，消费品行业增长缓慢，但是其股票却有相当稳定的业绩表现。"

生活消费品行业应该说是投资者在日常生活当中能够接触到的最常见的行业。无论是走在商场还是抬头看路边的广告牌，我们都有可能会发现适合投资的品牌。

10.1.1 国内生活消费品行业现状

根据中华人民共和国商务部在2018年5月28日发布的《主要消费品供需状况统计调查分析报告》当中显示，随着人民生活水平的增加，我国的消费升级步伐加快，进口商品需求旺盛。报告中显示，进口商品成为市场供给的重要补充。通过对流通企业的供给状况进行调查，进口商品销售占商品销售总额比重达到五成以上的企业占全部调查对象的比例为24.4%。

与此同时，企业对进口产品的品牌更加看重。39.2%的企业认为品牌是进口商品的决定性因素，其他受关注的因素依次为安全、价格、设计和原料。报告中还显示，企业对扩大进口的意愿较强。在调查的92个商品品类中，企业未来一年增加进口意愿较强的有34种，如葡萄酒、鲜果、保健品等。

而通过对消费者需求状况调查，结果显示：消费者对进口商品的需求旺盛。进口商品消费占商品消费总额比重达到三成以上的消费者占全部调查对象的比例超过20%，其中化妆品、母婴用品、钟表眼镜、乘用车、珠宝首饰比例分别为36.1%、33.4%、28.9%、27.3%和22.7%。

图10-1所示为进口类商品占比图。

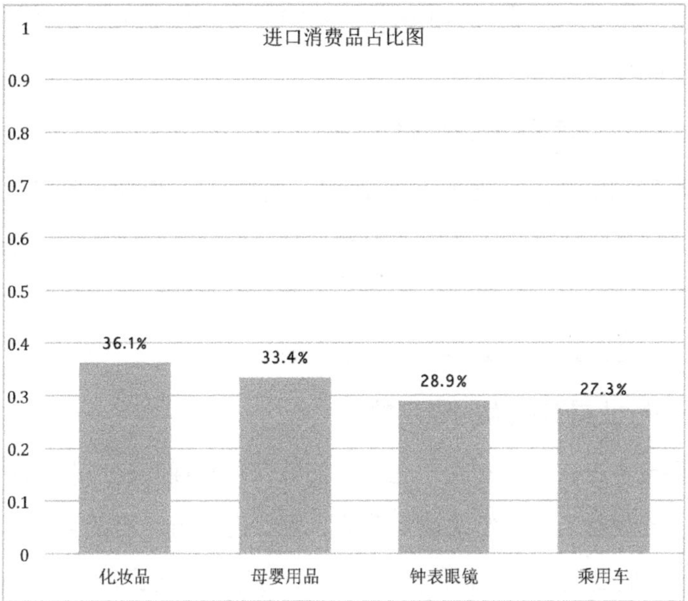

图10-1　进口类商品占比

2019年，商务部发布《主要消费品供需状况统计调查分析报告》中显示，79.6%的消费者购买过进口消费品，其中41.7%的消费者购买进口消费品占其购买同类消费品比重超过10%。分品类看，消费者对化妆用品、母婴用品、钟表眼镜消费者购买进口的比例较高。在我们的身边就有很多熟悉的家用品牌，例如维达纸巾、茅台酒、奥利奥饼干等。很多大型的生活消费品品牌做得十分成功，多年畅销全球，自然可能成为值得投资的目标。曾有人说，这些公司在经济低迷时期是很好的投资避风港。笔者也是这样想的，毕竟即使在经济衰退的时候，人们同样需要牙膏和洗发水。

10.1.2　消费品行业特征

为什么说生活消费品行业能够始终受到投资者的喜爱呢？这与生活消费品本身的特征密不可分。那些不断通过广告和其他非销售导向的沟通对自己的品牌进行投资的公司，将建立起一个品牌的认知价值体系，使品牌在世界流行开来。正是因为生活消费品所具有的以下特征，才使消费品行业备受以巴菲特为首的广大价值投资者的青睐。

1. 日常消费品是人人都了解的行业

日常消费品是我们每个人日常生活中都会接触的商品，因此，哪家公司的产品好，哪家公司的产品更受用户的欢迎等都是我们可以在日常生活中亲身体会到的。在前文中也说过，价值投资以投资者了解企业为前提，消费品行业恰好就符合了这一点，也更加利于投资者做出投资决策。

2. 生活消费品行业具有强大的稳定性

投资企业就是投资未来，只有企业在未来能够保持长期利润增长，投资者才能获得不错的投资收益。而日常快速消费品，例如巴菲特投资的喜诗糖果、可口可乐等，因为它们是生活中必需的东西，所以具有强大的稳定性。

再举一个日常的例子，在我国，几乎所有人家每餐都要使用酱油，因此，这个产业具有十分强大的稳定性，所以这也是众多投资者选择重仓海天味业的原因之一。图 10-2 所示为 A 股市场中的消费股的市盈率对比图（数据截至 2019 年 3 月 22 日）。

代码	简称	总市值(亿元)	排名	市盈率	排名	市净率
603288	海天味业	2101.16	1	50.95	29	17.88
600887	伊利股份	1697.01	2	26.35	5	6.08
300146	汤臣倍健	335.18	3	33.45	17	5.99
600872	中炬高新	273.09	4	46.74	26	8.69
603866	桃李面包	264.35	5	41.17	23	7.73
600298	安琪酵母	249.70	6	27.46	8	5.82
002507	涪陵榨菜	238.78	7	36.08	20	9.66
600873	梅花生物	163.18	8	16.29	2	1.79
002946	新乳业	160.07	9	68.07	34	13.05
600597	光明乳业	128.57	10	26.66	6	2.40
603043	广州酒家	119.95	11	27.29	7	7.04
-	行业均值	168.25	-	36.70	-	5.56

图 10-2 消费股的市盈率对比

3. 生活消费品行业具有持续增长性

怎样才能保证企业的利润长期稳定持续增长呢？只有消费者长期购买，并且经常购买，才能保证企业长期稳定持续增长利润，而日常快速消费品行业就具备这种特性。日常消费品就是生活中必需的，所以上面说了其具有强大的稳定性。但是日常消费品也分为耐用品和快速消费品。

人们总是离不开“柴米油盐”的，这些生活用品更换速度很快，这也就加快了企业利润的增长速度。

通过以上 3 点我们可以看出日常快速消费品具有强大的投资优势，所以巴菲特对它情有独钟也是不难理解的。

10.2 消费品行业的投资逻辑

如果关注巴菲特的投资轨迹，你就能够发现他选择投资了很多消费品企业。相信有不少投资者的投资重点也都在生活消费品行业当中。那么，如何选择一个优秀的企业就成了大家关注的焦点。投资生活消费品企业同样具有一定的投资逻辑。

10.2.1 快速消费品的投资逻辑

何为快速消费品？之所以被称为“快速”消费品，是因为它们首先是日常用品，它们依靠消费者高频次和重复的使用与消耗，通过规模的市场量来获得利润和价值。典型的快速消费品包括日化用品、食品饮料、烟、酒等，相应的 A 股上市公司还是不少的，如果能够从中找到优秀的几家公司，也将是非常幸运的一件事。

消费品行业向来是价值投资者的最爱之一。因为其成长的确定性，消费品行业往往也是大牛股的聚集地之一。如果你也投资消费品这个行业，那么如何才能从众多企业当中寻找到最优秀的那个呢？有什么比较有效的指标，可以供我们参考呢？我们来看看快速消费品行业的选择，有哪些方法可以借鉴。

（1）存货周转率。分析一个生活消费品企业最应该重视的指标就是存货周转率。从消费品的定义中可以理解到，很多生活类消费品需要高速周转，并依靠消费者的高频次消费来获得利润。对于这些毛利率并不特别高的产品来说，产品的周转率就显得尤为重要。只有周转做得比较好，公司的盈利能力才会有保证。这是第一个笔者认为应该重点关注的指标。

（2）品牌优势。对于快速消费品来说，必须要有自己的品牌。可以核实一下这家公司是否不断地做广告以支撑它的品牌。如果这家公司坚持不懈地以廉价促销产品，这可能会耗尽品牌的价值。对于日常消费品而言，不少消费者一般在购买时都会有自己的习惯，会指名购买自己信任的品牌。优秀的品牌能够提高产品的识别度，让消费建立信任感。这也是为什么快速消费品都会打很多广告，只有足够多的广告，才能时刻提醒消费者购买。

（3）企业账目。检查一下这家公司是如何处理营业费用的。偶尔的重组可能有助于提高效率、降低成本，但是如果公司常规地计提重组费用，并依赖这种费用削减策略推动公司业务，那么你就需要小心了。

评价快速消费品公司的竞争优势时，人均收入与利润也是一个非常重要的参考指标，人均收入与利润高的公司，显然效率更高，相对来说在市场上的竞争力就更强。任何公司的终极目标都是为股东创造利润，公司是不会养闲人的，把每一个人的能力发挥到最大，这是公司的使命，只有在同行业当中，人均效率最高，才能战胜其他公司，在激烈的竞争当中生存下来。

（4）企业规模。一家企业的规模很大程度上决定了企业的成长性，生活消费品因为单品价格低，所以在固定成本不变的情况下，生产规模越大，单位产品的分摊金额越小，自然就有规模效应。这是比较好理解的一个方面。

（5）品牌创新。考虑到快速消费品公司依赖稳定的新产品流以保持竞争地位，一家公司的创新水平是至关重要的。可以关注那些持续在市场成功地引入新产品，并利用这些新产品获得竞争优势的公司。更进一步说，区分一家公司是否仅仅在简单引入一个不同风格的产品和创新产品两者之间的差别是很重要的。

作为牛股经常出没的行业，消费品行业确实值得我们关注，当然除了以上这些方面，可能还有其他应该注意的指标，只有深刻理解这个行业，才能把牛股选出来。

这个行业的公司可能看起来呆板，没有那些有风险的公司那样令人有刺激感，但更多投资者希望降低风险，这就要求企业还需具有大量自由现金流。

那些进入成熟期的公司能产生非常多的自由现金流，所以确认管理层如何使用这些现金就变得相当重要了。因此，可以考查这些现金有多少是以给股东分红派息或者股票回购的形式回报给投资者的。

投资者会在经济低迷期可能会哄抬生活消费品公司的股价，使股价相对于它的公平价值高很多。当生活消费品行业的股票有 20% 至 30% 的安全边际交易时，投资者可寻找买入的机会。

10.2.2 从贵州茅台浅析白酒行业

作为消费品行业当中受到广大消费者青睐的细分领域，白酒行业可以说始终站在顶端。白酒大致可以分为一线白酒、次高端白酒、中端白酒和低端白酒，其中一线白酒包含贵州茅台、五粮液、泸州老窖。这类白酒大多定价超过 1 000 元，并且经过多年历史的积累，奠定了其全国性高端白酒的定位基础，品牌护城河极其牢固，其中以贵州茅台最具有代表性，它也被看作长期价值投资的典范。

白酒行业有图 10-3 所示的 3 个十分明显的产品特征，使贵州茅台能够在市场中立稳脚跟。

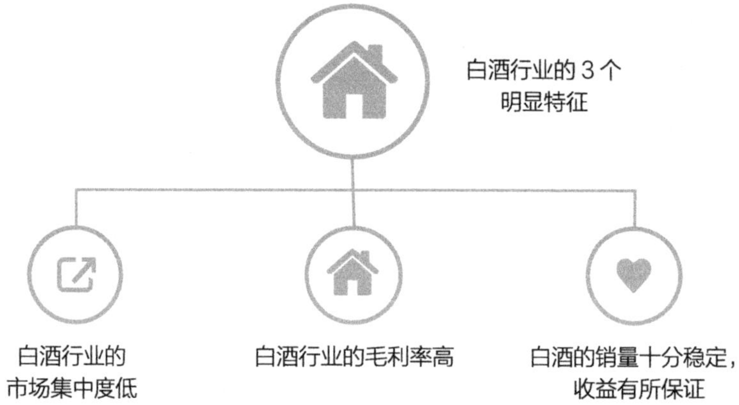

图 10-3　白酒行业的特征

（1）市场集中度特别低。别看贵州茅台一年卖了 582 亿元，但是从销量上来看，它只占白酒市场销量的 2% 左右。

（2）毛利率特别高。茅台酒的毛利率高达 91%，而其他知名白酒的毛利率也普遍超过了 70%。

（3）销量很稳定。收益有所保证，除个别事件影响整个中高端酒消费市场有衰退之外，整个行业的销量一直是稳步提升的。

但是，在 2018 年年底，贵州茅台出现了跌停的情况。根据中国网财经 10 月 29 日讯，贵州茅台开盘跌停，股价创一年新低，截至收盘，贵州茅台跌破 600 元大关，报 549.09 元，单日市值蒸发近 766 亿元。业内人士表示，贵州茅台股价跌停或与贵州茅台三季度业绩不及预期有关。

有不少投资者因此对于贵州茅台或者说整个白酒行业都产生了悲观的看法。对此，笔者也给出了自己的一些看法。贵州茅台三季度净利润不好，利润增长率仅为 3.57%，而上半年的净利润是比较高的。这里面有多个因素的联合作用，笔者罗列了一些因素，如表 10-1 所示，可以作为参考。

表 10-1　贵州茅台的业绩分析

序号	因素
因素一	2017 年同期增长比较高，很明显 2017 年下半年和 2018 年上半年的销量有很大的提升，而这些提升里面夹杂一定的涨价因素。2017 年下半年传说茅台酒要涨价，这样经销商只要短期内囤积一些产品，就可以在之后迅速脱手获利，从而积极囤积茅台，体现在财务数据上就是 2017 年的销量有大幅提升
因素二	总体上得益于消费升级，购买力的不断提升，对于茅台酒的销售造成了一定的影响
因素三	茅台酒虽好，也是存在周期的，这种周期有时候逆经济周期。总体上，贵州茅台是优秀的盈利标的

白酒，长期来看依然是有合理的消费逻辑和消费需求的，同时要看你如何通过分散化来降低持仓成本，利用好股价调整所带来的机会。因此，笔者认为诸如贵州茅台这样的企业适合长期投资。

第11章 互联网行业

我们要分析互联网公司处于产业周期的哪个阶段。早期大多通过财报和商业模式来分析和研究公司的业务和所处行业周期阶段。导入期的估值纯粹是买赛道，不看市盈率。

11.1 互联网行业浅析

所谓互联网行业，是指以现代新兴的互联网技术为基础，专门从事网络资源搜集和互联网信息技术的研究、开发、利用，生产、储存、传递和营销信息商品，可为经济发展提供有效服务的综合性生产活动的产业集合体。

2019 年财富中文网发布了《财富》500 强排行榜，2019 年上榜的互联网相关公司有小米、京东、阿里巴巴、腾讯。由阿里巴巴、腾讯领衔的互联网服务行业市值接近 11 万亿，占中国 500 强总市值的 23.7%。

这实际上是未来我国经济转型的一个积极信号，代表新经济模式的科技与互联网已经崛起，并在整个经济体系中占有相当大的比重。另外，从互联网公司的维度来看，京东排名第一，腾讯、阿里巴巴紧随其后。这是《财富》对京东发展模式的肯定，虽然目前在利润上京东相比腾讯、阿里巴巴有差距，但京东在科技、物流领域的长远布局和投入，已经为未来的发展积攒了无限潜力，为未来凸出的盈利能力埋下了伏笔。

互联网的优势公司，一般除了具备传统领先企业的品牌、技术等优势外，还有一个可以称作“自我实现”的优势，简单来说就是“越多人用越好用，越好用越多人用”。这也使互联网行业的竞争优势不断扩大。互联网产品的特点有图 11-1 所示的 3 点。

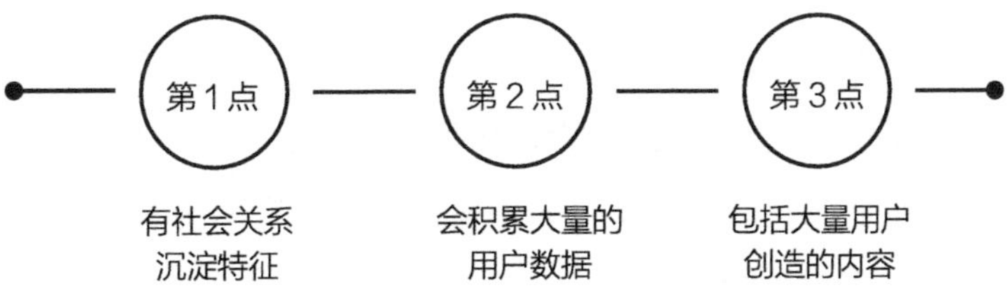

图 11-1　互联网产品的 3 个特点

（1）一些互联网产品有社会关系沉淀的特点，例如QQ、微信等，在沉淀旧有的社会关系的同时，还会发展新的社会关系，使社会关系越来越稳固。这是非常强的锁定用户的功能。

（2）一些互联网产品会形成大量的用户数据积累，例如搜索引擎，其收录的网页越多，则搜索的效果越好，并会形成循环式的正向激励。

（3）一些互联网产品有大量的用户创造内容，这是因为用户在网站上抵押了“虚拟资产”，而用户抵押的“虚拟资产”越多，其就越离不开这个平台。

如果具备上述特征，则这种互联网产品就有“自我实现，自我强化”的特点，进而有潜力形成长久的竞争优势，并最后将此竞争优势体现在定价权上。

11.2 商业模式

因为互联网行业是一个偏轻资产、主题概念多且比较抽象的行业，所以对互联网行业商业模式的研究，对于大多数投资者来说是相对困难的，很难加以完整概括。

以BAT（百度、阿里巴巴、腾讯）为代表的中国互联网行业的商业模式与美国硅谷同行的商业模式存在着明显的不同。美国硅谷的商业模式是“打造高科技”，专注于若干核心领域，基本是围绕着自己的核心竞争力而延展产业链的。而BAT则不同，它们聚焦的不仅是产业链，而且是“产业生态圈”，因此涉猎和投资的领域众多。

互联网行业普遍存在“亏损有理”“赢家通吃”“数一数二”等这样的行业特征，并广受追捧，这与其独特的商业模式——“生态圈闭环”是分不开的。

以阿里巴巴为例，它以电商起家，现在的业务则从传统电商到新零售，从传媒到物流，从支付到金融，从大数据到云计算，从O2O（Online To Offline，线上到线下）到共享经济，从音乐到影视，从旅游到文化……近乎无所不包，中国互联网行业把其盈利模式称之为“生态圈闭环”。

我国互联网行业中的生态圈思维比较普遍，最主要的一个原因在于我国传统产业孱弱，从而方便了互联网公司“弯道超车”，导致“攻守之势异也”。我国零售业的不发达，使得电商的替代优势十分明显。反观日本因实体零售店过于发达，电商迟迟发展不起来。

此外，监管层对新事物的战略性宽容，也使网约车、支付宝等新产品快速发展。BAT们有了第一桶金，有了优势明显的根据地和大本营，因此才有可能构造自己的产业“生态圈闭环”。

其实，BAT的商业模式在国外是有原型的，同时微博、滴滴、支付宝都有原型，都是在复制已经成熟和成功的商业模式。我国真正拥有核心技术的互联网公司仍很稀缺，大大小小的互联网巨头仍处在从业务型向技术型的转变中，哪怕是阿里巴巴和腾讯，也只不过是“商业模式”多过“技术壁垒”。

总之，能很清楚地预见未来发展的模式就是好的互联网商业模式。创新是互联网的基本驱动力，而创新最直接的体现是业务的专业化提供，并在此基础上，不断深化技术与市场拓展。

11.3 投资逻辑

研究互联网行业对大多数投资者来说相对困难，因为互联网行业是一个轻资产、主题概念多且比较抽象的行业。同时，互联网行业中很难界定公司的真正竞争力和股价趋势。

从财务指标来看，好企业最终是以3张财务报表为验证的。如果公司的财务报表看起来不是那么完美，就要以商业模式来判断公司有没有业绩或成长性。

这便是笔者对互联网行业的投资逻辑。

11.3.1 如何看成长

每个行业都有自己的产业周期，最早是导入期，然后进入到整合期，再然后是成长期、再整合，最后进入到寡头垄断阶段。例如，互联网金融，2015 年之前属于导入期，2015 年至 2017 年受互联网金融政策限制，行业陷入收缩状，2017 年开始再次成长，未来再经历整合，整个产业周期呈现螺旋形上升态势。

我们要分析公司处于产业周期的哪个阶段。早期的分析研究大多通过财报和商业模式来分析公司的业务和所处行业周期阶段。导入期的估值纯粹是买赛道，不看市盈率。

一般来说，从导入期、成长期再到寡头垄断期，投资者对于公司的成长性、业绩的要求会越来越高。随着公司的护城河越来越坚实，公司的上升空间就会被打开。

那么，检验公司成长性的财务指标又是什么呢？我们要看两张表：资产负债表和现金流量表。

在资产负债表中，当应收账款占收入增长额的比例超过 30% 或存货增长额占成本增长额的比例超过 30% 时，应该认定相关公司不具有成长性。

衡量公司是否具有成长性，在现金流量表中还包含以下 4 项财务指标：

（1）经营性与投资性现金流之和近似于 EBIT（息税前利润）；

（2）开发支出计入投资性现金流，因此仅仅考查经营现金流是无效的；

（3）支付职工薪酬增速客观反映人力成本；

（4）支付税费可反映收入增速。

除此之外，互联网企业普遍具备成长性的另一大表现在于，由于扩大规模需要有强大的现金供应，而经营性现金流的短缺又难以应付庞大的扩张需求，所以必然带来巨大的现金融资。

借助股权融资弥补经营造血不足，为规模扩张、夯实市场领先地位实现供血，从而拉动收入超高速入账，以达成远期经营效益目标，即高效益盈利。

11.3.2 如何看业绩

在互联网行业，企业的成本可以大致分为机器成本和人力成本。特别要注意的是，人力成本，也就是工资项，是影响公司利润的一个关键。与电子、通信不同（电子和通信行业的生产工具是机器），互联网行业的人力成本是重头，而人力薪酬和利润是成反比的。所以，我们通常会根据每一年企业盈利情况来判断新招员工是多还是少。

互联网行业人力成本有个特点，一般招入新员工的第一年成本较高，第二年成本降低。由于第二年的成本较低，公司容易出业绩。

互联网行业一般的规律是：连续两年高增长之后，公司策略越发激进，开始不停地招兵买马，随着人力成本高企，薪酬逐渐成了企业负担，而利润又日渐走低。在经历过低的利润率之后，企业又开始陷入悲观情绪，开始倾向于少招聘。此时，利润就会超预期，如此周而复始。

之所以要特别强调薪酬的情况，是因为互联网行业的市值是市盈率乘以利润得出的利润由人均效率来决定，而人均创利与商业模式关系最为密切。

例如，一个做计算机服务的公司，人均盈利 5 万元；做计算机产品的公司人均盈利大概是 10 万元；做计算机解决方案的公司的人均创利会更高，大概 15 万元；互联网公司差异较大，优质公司的人均创利为 20 万 ~ 50 万元，技术类公司则可以达到 50 万 ~ 100 万元，商业模式越成熟的公司，利润的上限越高，市值越大，被颠覆的风险也随之增大。

后记　价值为本

2018 年 10 月 29 日，“贵州茅台”跌停，打破了茅台永远上涨的神话，大量的投资者开始质疑价值投资。对此，笔者并不意外。笔者认为“贵州茅台”在 A 股中的市场地位，就像苹果公司在美股中的地位，“贵州茅台”可以说是一个价值投资的标志。

“贵州茅台”的跌停并没有使笔者对价值投资失去信心，而且现实也表明，通过“贵州茅台”跌停而出现了一大批“倒戈”价值投资的投资者。这次事件，也让笔者意识到了价值投资远不止大家想象的那样简单。

现在，有不少价值投资者都在使用“满仓加杠杆一个票”的投资模式。在笔者看来，这种模式的本质也是博弈。这样的价值投资者实际上是在冒险。

笔者在股市中见过太多这样的人，美其名曰是价值投资者，却连公司的基本分析都不做，就凭自己“超强”的直觉入市，认为自己可以搅动市场。结果是显而易见的——不再敬畏股市，股市只会给你上一堂深刻的风险课。

实际上，真正的价值投资者往往是淡泊的、耐心的并且对市场充满敬畏的。这就是为什么笔者始终在说——价值为本，保守为魂。

在笔者看来，价值投资更像是静水流深的景致：正如“静水”一般，在投资过程中安静、耐心带来智慧；只有在学习实践过程中达到一定的深度，才能够“流深”。这不正是价值投资想要传递的理念——只有积聚能量，才能有长期的复利流入吗?

价值投资学习的目的并不是寻找什么投资秘籍，而是要在不断的阅读、学习中，逐步融汇、加深自己早已熟知的那些简单的价值原则。阅读的功效就是将一些价值信条慢慢刻入自己的脑海当中，真正将价值投资变成自己日常都在实践的投资习惯。

希望大家通过阅读本书，能够了解、实践价值投资的原理，并且能够在股票市场当中怀有一颗投资的平常心，以宁静与耐心在股市中博弈并有收益。